이탈리아 현지에서 직접만든
정통파스타요리

저자 최미숙 / 사진 조현주

예신 BOOKS

Preface
들어가는 글

이탈리아인 만큼 먹는 것에 관해 진지한 사람들은 없다.
유럽의 어느 나라도 이탈리아처럼 먹거리에 관한 여러 가지 재료, 향신료, 방법 등을 발달시킨 민족은 드물다.
아직도 웬만한 레스토랑이나 집에서 제대로 된 식사를 하는 사람들은 전채요리, 첫째 접시, 둘째 접시, 후식에 커피까지 곁들여 먹는다.
이들은 아직도 그 지방에서 생산되는 생물(生物)로 풍성한 식탁 꾸미는 것을 자랑으로 여긴다. 따라서 음식도 문화 만큼 그 지방색이 강하다.

예로부터 문화와 예술의 중심지인 피렌체 중심의 토스카나 지방을 모르고서는 이탈리아 음식을 제대로 알 수 없다.
갈은 고기에 토마토로 맛을 낸 라구소스를 듬뿍 끼얹은, 아니면 삼겹살 훈제에 달걀 노른자로 맛을 낸 카르보나라, 파스타에도 김치나 불고기, 동태국처럼 얼마동안 먹지 않으면 자연스레 먹고 싶고 그리워지는 맛이 있다.
파스타는 포크로 돌돌 말아 먹어야 제 맛이 난다.
젓가락과 파스타가 어울리지 않는 것처럼 우리의 입맛에 맞게 바꾸어진 것보다는 정통 파스타의 맛을 따라가 보자.

음식은 문화를 따른다는 말처럼 준비할 때부터 만드는 방법과 먹는 법에서 이탈리아 각 지방의 특색과 성격, 문화의 향기를 느낄 수 있다.
아직도 이탈리아에는 오후 1시부터 3~4시까지 이탈리안 풀코스 점심을 즐기기 위해 집으로 향하는 이탈리아 사람들이 많다.
어머니의 어머니 때부터 대대로 물려받은 요리법으로 가정주부들이 정성껏 만드는 요리는 20개의 각 지방별로 그 특색과 풍토, 문화, 역사에 맞게 지금까지 그대로 전수되어 각각의 독특한 맛을 이루고 있다.

피렌체를 중심으로 한 토스카나.
한 번도 왕정을 가져본 적이 없어 모든 생각의 중심이 자신에게 먼저 향했던 사람들, 때문에 르네상스의 발상지일 수 밖에 없었던 이들의 예술과 문화가 세련되고 실제적인 것에서부터 서민적이며 인간 중심의 문화였던 것처럼, 때로는 화려한 장식과 품위가 있는 정통 레스토랑에서, 때로는 왁자지껄한 서민들의 피스케테리아(주점)에서 얽매이거나 어디에도 속하지 않은 순수한 사랑과 감정을 그대로 표현할 줄 아는 자부심 강한 오늘의 단테들이 모여있는 곳이다. 우리 한번 그들을 따라가 보자!

Cooking * Italian Pasta

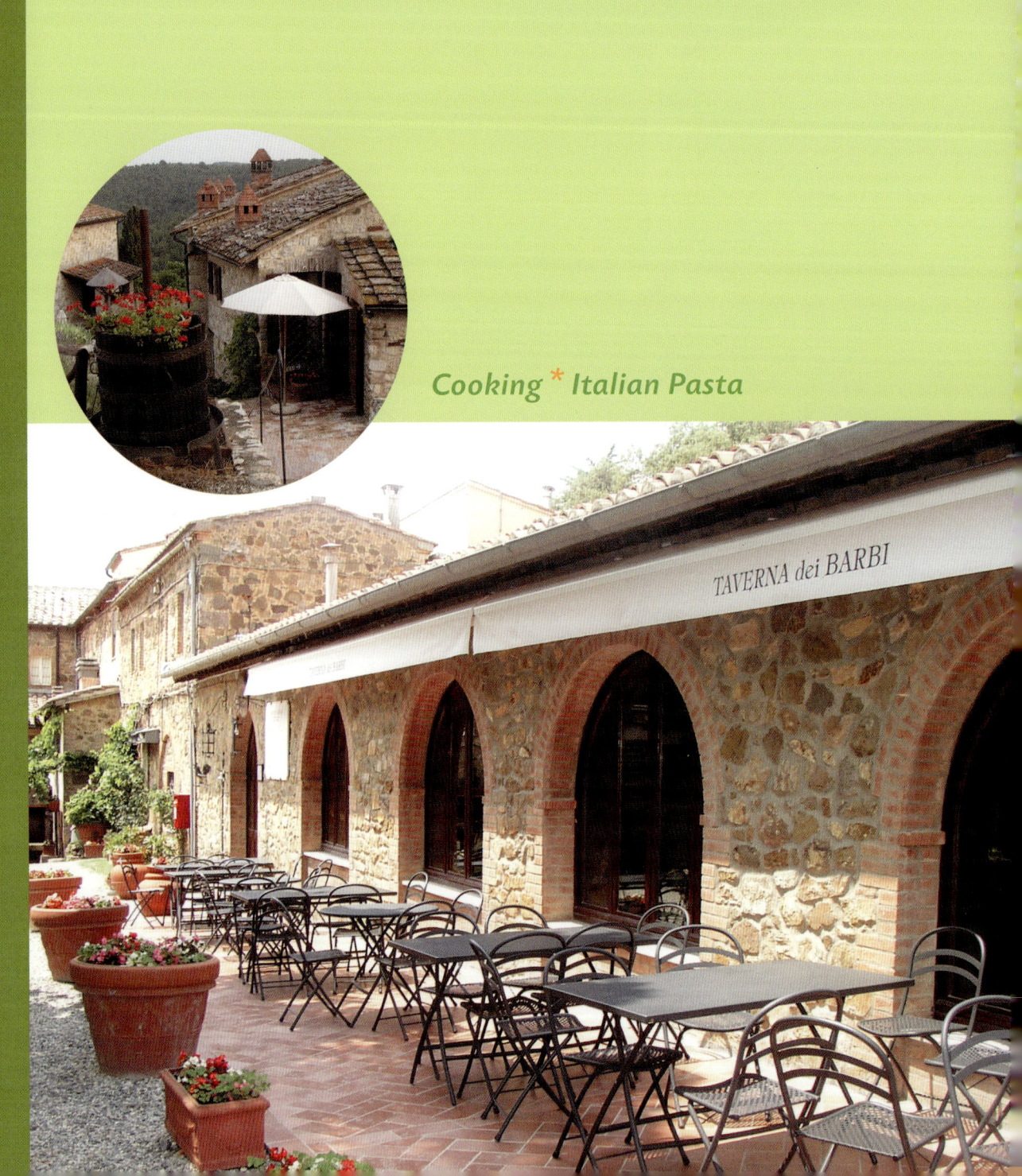

*Cooking * Italian Pasta*

| 이 책을 쓰게 된 동기 |

남의 나라에 오래 살다보면 자연스레 먹거리가 큰 문제이다.
한국 음식을 손쉽게 구할 수 없는 곳이라면 더더욱 그렇다.
비가 오는 날이면 따뜻한 수제비가, 무더운 여름에는 시원한 열무김치 냉면이, 오븐에 구워낸 고기보다 간장이 들어간 갈비가 먹고 싶을 때가 있다.
'뭘 먹을까?' 에서 그저 국적 없는 맛이라도 우리 입맛에 비슷하게 흉내 내어 '어떻게 해 먹을까?' 에 이르고 나면, 비로소 그 나라의 가장 토속적인 맛을 찾고 즐길 줄 알게 되는 것 같다.
내가 나서 자란 한국의 맛에 가장 비슷하게라도 만들어 먹어 볼라치면 왠지 국적 없는 이상한 맛이 되고 만다.
얼마나 많은 시행착오를 겪었던가!
한국 맛의 파스타를 만들기 위해…….
하지만 가장 정통적이고 이탈리아적인 맛이 바로 우리의 입맛과도 아주 잘 맞는다.
토속과 토속의 맛은 서로 통할 수 밖에 없는 모양이다.
때문에 우리에게 너무나도 잘 알려진 피자와 파스타 중 이탈리아의 정통 파스타 만드는 법을 한국에 소개해 보고 싶어 3개월 동안 전통의 맛과 맛있는 파스타의 맛을 찾아 이탈리아 현지에서 직접 취재하고 그 곳의 메인 요리사들이 요리하는 과정들을 현장 그대로 담았다.
스튜디오가 아닌 레스토랑 그대로의 조명으로 인해 일련의 요리 과정 사진들이 깨끗하지 못한 점에 대해 독자님들의 양해가 있길 바란다.
이 책을 통해, 우리 입맛에 맞게 변형된 파스타 요리가 아닌 이탈리아 정통 파스타 요리를 즐겨 보길 바라며, 예신 사장님과 편집부 직원 여러분께 감사드린다.

피렌체에서 최 미 숙

Contents 목차

01 Trattoria Il Caminetto 트라토리아 일 카미네토　　10
　　토마토와 바질만을 이용한 스파게티 · · · · · · · · · · 12
　　각종 해산물을 이용한 스파게티 · · · · · · · · · · · · 14
　　포르치니버섯 파스타 · · · · · · · · · · · · · · · · · 16
　　살시챠(이탈리안 생소시지) 파스타 · · · · · · · · · · 18
　　멧돼지고기 소스를 이용한 파스타 · · · · · · · · · · 20
　※ Theme story_ 01 파스타 이야기 · · · · · · · · · · · 22

02 La maremma 라 마렘마　　24
　　매운 고추와 마늘 스파게티 · · · · · · · · · · · · · · 26
　　토마토와 매운 고추 파스타(아라비아타) · · · · · · · 28
　　버터와 세이지향이 있는 라비올리 · · · · · · · · · · 30
　　해산물을 시트에 싸서 구운 파스타 · · · · · · · · · · 32
　※ Theme story_ 02 올리브오일 이야기 · · · · · · · · · 34

03 De' Medici 데 메디치 · · · · · · · · · 36
　　완두콩, 프로슈토햄, 생크림 파스타 · · · · · · · · · · 38
　　생크림과 토마토소스에 조린 뇨끼 · · · · · · · · · · 40
　　달걀 노른자와 생크림 파스타(카르보나라) · · · · · · 42
　　가지를 이용한 파스타 · · · · · · · · · · · · · · · · · 44
　　훈제연어에 곁들인 나비모양의 파스타 · · · · · · · · 46
　　베이컨을 이용한 스파게티 · · · · · · · · · · · · · · 48
　※ Theme story_ 03 허브 이야기 · · · · · · · · · · · · 50

04 La Dantesca 라 단테스카　　52
　　토마토소스에 곁들인 바지락, 호박 파스타 · · · · · · 54
　　호두와 고르곤졸라치즈 뇨끼 · · · · · · · · · · · · · 56
　　타르투포버섯소스에 곁들인 뇨끼 · · · · · · · · · · · 58
　　갈은 바질잎과 새우 파스타 · · · · · · · · · · · · · · 60
　　새우와 가지 파스타 · · · · · · · · · · · · · · · · · · 62
　※ Theme story_ 04 치즈 이야기 · · · · · · · · · · · · 64
　※ Theme story_ 05 토마토소스 이야기 · · · · · · · · · 66

05 La grotta di Leo 라 그로타 디 레오 · · · · · · · · 68

바지락 조개 스파게티(봉골레) · · · · · · · · · 70
베이컨과 화이트와인 파스타 · · · · · · · · · 72
앤초비와 양송이버섯 파스타 · · · · · · · · · 74
토마토소스, 바질, 아스파라거스 파스타 · · · · 76
* Theme story_ 06 야채 이야기 · · · · · · · · 78
* Theme story_ 07 빵 이야기 · · · · · · · · · 80

06 Il Latini 일 라티니 · · · · · · · · · · · · · · 82

시금치와 리코타치즈 파스타 · · · · · · · · · 84
각종 야채가 들어간 주파(수프) · · · · · · · · 86
* Theme story_ 08 햄 이야기 · · · · · · · · · 88
* Theme story_ 09 커피 이야기 · · · · · · · · 90

07 Cibreo 치브레오 · · · · · · · · · · · · · · · 92

적포도주와 설탕에 조린 배 · · · · · · · · · · 94
트리파를 이용한 샐러드 · · · · · · · · · · · · 96
오징어 주파 · · · · · · · · · · · · · · · · · · · 98
흰 참치살과 야채 주파 · · · · · · · · · · · · 100
* Theme story_ 10 아이스크림 이야기 · · · · 102
* Theme story_ 11 토스카나 이야기 · · · · · 104

08 La mamma gina 라 맘마 지나 · · · · · · 106

토마토소스에 조린 고기 파스타 · · · · · · · 108
화이트소스와 모차렐라치즈 파스타 · · · · · 110
토마토소스와 시금치 뇨끼 · · · · · · · · · · 112
카르초포잎과 토마토소스 파스타 · · · · · · 114
바닷게의 속살을 이용한 파스타 · · · · · · · 116
* Theme story_ 12 이탈리안 식생활 이야기 · 118
* Theme story_ 13 와인 이야기 · · · · · · · 120

09 Trattoria Cammillo 트라토리아 캄밀로 · · · 122

달걀이 들어간 리치올리면과 토끼고기 파스타 · 124
카레가루를 이용한 토르텔리니 · · · · · · · 126
말린 숭어알과 육수 파스타 · · · · · · · · · 128
돼지고기 삼겹살 파스타 · · · · · · · · · · · 130
육수에 띄워내는 토르텔리니 · · · · · · · · 132
* Theme story_ 14 베네치아 전통 가면 축제 · 134

이탈리아의 풍물과 풍경 · · · · · · · · · · · 136

파스타의 종류

<< Fusilli
푸질리

Maltagliati >>
말탈리아티

Gnocchi >>
뇨끼

<< Pappardelle
파파르델레

<< Penne
펜네

<< Farfalle
파르팔레

Orecchiette >>
오레끼에테

Riccioli >>
리치올리

| 파스타에 관한 몇 가지 질문 |

1. 파스타를 냉장 보관할 수 있나요? **Yes** 소스가 너무 기름지지 않다면 이미 삶은 파스타를 냉장 보관할 수 있다.
2. 파스타 삶는 물에 올리브오일을 넣어도 괜찮나요?
   Yes 달걀을 넣어 반죽한 생 파스타나 라자냐처럼 부피가 큰 파스타는 면발이 서로 달라 붙기 때문에 올리브오일을 넣어 주는 것이 좋다.
3. 파스타를 전자레인지에 넣고 삶아도 되나요? **No** 파스타를 삶을 때는 충분한 양의 물이 필요한데, 전자레인지는 물을 끓이는데 시간이 오래 걸린다.

Pasta

<< Rigatoni
리가토니

<< Spagetti
스파게티

Rigate >>
리가테

Tagliatele >>
탈리아텔레

<< Ravioli
라비올리

<< Reginelle
레지넬레

Taglierini >>
탈리에리니

Fettuccine >>
페투치네

<< Tortellini
토르텔리니

Tripolini >>
트리폴리니

01 Cooking * Italian Pasta

Trattoria Il Caminetto >>

Pasta Restaurant 01

Trattoria Il Caminetto
트라토리아 일 카미네토

피렌체의 두오모 성당을 바로 눈 앞에 두고 감상하며 맛있는 음식을 즐길 수 있다.
은으로 된 테이블 세팅과 작고 아담한 트라토리아 장식들이 잘 어울린다.
주인 렌조 보르리니(Renzo Borlini) 씨는 음식을 만들며 사진을 찍는 동안 필요한 것은 없는지 여러 모로 도움을 주었다. 주인과 요리사, 종업원들의 사이가 돈독해 보이는 아주 인상적인 곳이다.

Via dello Studio, 34/r <piazza Duomo> Firenze

* Trattoria Il Caminetto

토마토와 바질만을 이용한 스파게티

Spaghetti alla crudaiola 스파게티 알라 크루다이올라 (이탈리아어 발음 표기)

크루다 (Cruda), 즉 '가공하지 않은, 신선한' 이란 뜻에 맞게 모든 재료를 살짝만 익힌 가볍고 담백한 느낌의 스파게디이다.

재료 • 4인 기준

- 스파게티면 350g
- 토마토 200g
- 바질 50g
- 올리브오일 3~4큰술
- 소금 약간
- 마늘 2쪽

토마토

바질

🍅 **만들기**

① 재료 손질하기
  토마토는 끓는 물에 열십자 모양의 칼집을 내어 삶아 껍질과 씨를 제거한 뒤 주사위 모양으로 잘게 썬다.
  바질은 깨끗이 씻어 물기를 닦은 뒤 잘게 썬다.
  마늘은 껍질을 벗기고 잘게 썰어 준비한다.

② 준비한 토마토와 바질, 마늘을 접시에 담는다.

③ ②에 올리브오일 3~4큰술과 소금을 넣어 간한 뒤 각 재료의 향이 잘 배게 손으로 버무린다.

④ 팬을 불에 올려 잘 달군다.

⑤ 달구어 놓은 팬에 삶은 스파게티면과 ③의 재료를 넣는다.

⑥ 재료들이 골고루 섞이면서 익도록 살짝만 볶아 접시에 담아 낸다.

트라토리아 일 카미네토의 메인 요리사

1. 토마토 삶아 껍질 벗기기
2. 올리브오일 넣기
3. 팬 달구기
4. 달구어진 팬에 재료 넣기
5. 준비된 재료 볶기

Trattoria Il Caminetto

각종 해산물을 이용한 스파게티

Spaghetti alla pescatore   스파게티 알라 페스카토레

페스카토레(Pescatore)란 '어부, 낚시꾼'이란 뜻이다. 토마토소스가 들어가지 않아 해물의 맛이 살아 있으며, 특히 해산물과 잘 어울리는 이탈리안 파슬리 향이 느껴지는 스파게티이다.

🌶 **만들기**

1. **재료 손질하기**
   바지락은 소금물에 담가 해감을 토하게 한 후 깨끗이 씻는다.
   가재는 등에 칼집을 내고 내장을 꺼낸 후 깨끗이 씻어 준비한다.
   새우는 껍질을 벗기고 1~2cm 크기로 자른다.
   갑오징어는 내장을 빼고 깨끗이 씻어 한입 크기로 자른다.
2. 팬에 올리브오일을 두르고 다진 마늘을 넣어 갈색이 날 때까지 볶는다.
3. ②에 가재와 새우, 갑오징어, 바지락을 넣고 익힌다.
4. 바지락의 입이 벌어지면 다진 이탈리안 파슬리와 소금을 넣어 간하고, 중간불에서 한 번 더 볶아 준다.
5. 알 덴테 상태(p.22 참고)로 삶은 스파게티면을 ④에 넣고, 각 재료가 잘 섞이도록 은근한 불에서 2분 정도 볶는다.
6. 완성된 요리를 접시에 담아 낸다.

1. 가재 손질하기
2. 올리브오일 넣고 마늘 볶기
3. 차례로 재료 넣기
4. 파슬리 다진 것과 소금 넣기
5. 삶은 파스타 넣기

재료 • 4인 기준

스파게티면 350g
바지락 200g
새우(중간 크기) 150g
갑오징어 200g
가재(중간 크기) 150g
올리브오일 2큰술
소금 약간
다진 이탈리안 파슬리 10g
마늘 2쪽

바지락

가재

갑오징어

*Trattoria Il Caminetto

포르치니버섯 파스타

Tagliatelle ai funghi porcini 탈리아텔레 아이 풍기 포르치니

이탈리아 음식에 자주 쓰이는 포르치니버섯을 이용한 파스타이다.
향이 강하고 쫄깃하게 씹히는 포르치니버섯의 맛이 일품이다.

재료 • 4인 기준

탈리아텔레면 400g
포르치니버섯 300g
루꼴라 60g
니피텔라 잎 약간
올리브오일 3큰술
소금, 후춧가루 약간씩
마늘 2쪽

루꼴라
포르치니버섯

니피텔라(nipitella) 잎
나뭇가지처럼 생긴 긴 가지의 잎만을 사용한다. 향이 강해 조금만 사용해도 된다.

만들기

1 재료 손질하기
포르치니버섯은 밑동을 자르고 깨끗이 씻은 후 납작하게 썬다.
루꼴라는 깨끗이 씻어 준비한다.
마늘은 껍질을 벗기고 잘게 다진다.

2 팬에 올리브오일을 두르고 다진 마늘을 넣어 중간불에서 연한 갈색이 날 때까지 볶는다.

3 ②에 니피텔라(nipitella) 잎을 적당량 손으로 뜯어 넣고 볶아서 독특한 니피텔라 향이 배어 나오게 한다.

4 포르치니버섯을 넣고 소금, 후춧가루로 간한 뒤 버섯이 익을 때까지 볶는다.

5 ④에 삶은 탈리아텔레면을 넣고 소스가 배게 1~2분간 볶는다.

6 접시에 루꼴라를 곁들여 장식한 후 완성된 파스타를 담아 낸다.

1. 포르치니버섯 썰기
2. 올리브오일 넣고 마늘 볶기
3. 니피텔라 잎 떼어 넣기
4. 포르치니버섯 넣고 볶기
5. 완성된 요리 그릇에 담기

Point

포르치니(Porcini) 버섯

토스카나 지방에서 나는 포르치니버섯은 가을과 겨울에 주로 먹는 향이 강한 버섯으로 쫄깃하게 씹히는 맛이 일품이다. 갈색을 띤 이탈리아 요리에 자주 등장하는 버섯으로 리조또나 파스타 요리에 주로 사용된다. 보통 얇게 저며 마른 상태로 판매된다. 포르치니버섯이 없을 때는 양송이버섯을 사용한다.

* Trattoria Il Caminetto

살시챠 (이탈리안 생소시지) 파스타

Rigatoni alla maremmana 리가토니 알라 마렘마나

리가토니(Rigatoni)는 마카로니보다 두껍고 바깥쪽에 큰 줄기가 있는 파스타로, 소스가 리가토니 줄기 사이로 늘어가 풍부한 소스 맛을 즐길 수 있다.

재료 • 4인 기준

- 리가토니면 350g
- 살시챠 200g
- 양파 1개
- 화이트와인 3큰술
- 휘핑크림 100g
- 토마토홀 300g
- 검은올리브 60g
- 마늘 2쪽
- 페페론치노 2개
- 올리브오일 3큰술
- 소금 약간

살시챠 소시지

🌶 **만들기**

① **재료 손질하기**
   살시챠는 껍질을 벗긴 후 손으로 잘 풀어 놓는다.
   마늘은 껍질을 벗겨 잘게 다진다.
   양파는 껍질을 벗겨 잘게 다진다.
   페페론치노는 손으로 부러뜨려 놓는다.

② 팬에 올리브오일 3큰술을 두르고 다진 마늘을 넣어 노릇하게 볶는다.
   준비한 양파와 페페론치노를 넣고 양파가 투명하게 익을 때까지 볶는다.

③ ②에 풀어 놓은 살시챠와 화이트와인 3큰술을 넣어 살시챠의 잡냄새를 날린다.

④ 토마토홀은 살짝 뭉개 넣고 휘핑크림과 소금을 넣어 간한 뒤 중간불에서 20분 정도 재료가 충분히 익을 때까지 끓인다.

⑤ ④에 검은올리브를 넣고 한 번 더 끓인다.

⑥ 소스에 삶은 리가토니를 넣고 잘 섞이도록 살짝 볶는다.

⑦ 완성된 요리를 접시에 담아 낸다.

1. 올리브오일 넣고 마늘 볶기
2. 볶아진 재료에 휘핑크림 넣기
3. 검은올리브 넣기
4. 리가토니면 볶기
5. 접시에 담아 내기

Trattoria Il Caminetto

멧돼지고기 소스를 이용한 파스타

Pappardelle al cinghiale 파파르델레 알 친기알레

파파르델레면은 멧돼지고기인 친기알레와 아주 잘 어울린다. 오랫동안 푹 익힌 멧돼지고기에 소스가 골고루 배어 아주 맛있다.

🫑 만들기

① 재료 손질하기

멧돼지고기는 큼직한 크기로 잘라 놓는다.

셀러리, 당근, 양파는 한입 크기로 썬다.

② 커다란 그릇에 고기와 썰어 놓은 재료, 월계수잎, 토마토소스, 마늘 다진 것, 소금, 후춧가루를 넣고 재료가 다 잠길 만큼의 적포도주를 부어 5시간 정도 담가 놓는다.

③ ②의 재료를 1시간 정도 약한불에서 뭉근하게 저어가며 익힌다.

④ 준비해 둔 푹 익힌 고기를 건져 잘게 다진 후 올리브오일을 넣은 팬에 살짝 볶는다.

⑤ 삶은 파파르델레면을 넣고 볶은 소스를 끼얹어 접시에 담는다. 양파를 가로로 썰어 파스타 주변을 장식한다.

1. 준비해 둔 푹 익힌 멧돼지고기
2. 다진 고기에 삶은 면 넣기
3. 면 위에 부족한 소스 끼얹기
4. 접시에 담아 내기

재료 • 4인 기준

파파르델레면 350g
멧돼지고기 600g
토마토소스 200g
알로로(월계수잎) 2개
양파 1개
당근 1개
셀러리 1줄기
적포도주 1리터
양파 1개
마늘 2쪽
올리브오일 약간
소금, 후춧가루 약간씩

파파르델레면

Point

멧돼지고기 대신 돼지고기를 사용해도 된다.

알로로(Alloro) : 월계수잎

보통 말린 잎을 쓰거나 생잎을 사용하는데, 줄기는 쓴맛이 강하기 때문에 사용하지 않는다.

향이 강해서 다른 향을 감소시킬 수 있으므로 한 가지 요리에 너무 많이 사용하지 않도록 한다. 자르지 않고 음식에 넣거나 2~3조각으로 잘라 넣는다.

Theme story_ 01
파스타 이야기

파스타란 밀가루와 물을 기본 재료로 한 밀가루의 반죽을 총칭한다. 우리나라에서는 스파게티란 말로 더 잘 알려져 있다. 글루텐이 풍부한 듀럼밀(grano duro)과 듀럼밀로 갈기 전 단계인 세몰리아나(semola)를 이용해 반죽하는데 여기에 달걀, 올리브오일, 야채 등을 섞어 반죽하기도 한다.

파스타는 형태나 크기, 길이, 굵기에 따라 150여 종이 넘고, 지금도 새로운 모양의 파스타가 계속 나오고 있다. 우리에게 가장 친숙한 스파게티(spaghetti)를 비롯해 푸실리(fusilli), 펜네(penne), 탈리에리니(taglierini), 파파르델레(pappardelle) 등 이름도 다양하며 같은 모양이라 하더라도 지역에 따라 다른 이름으로 불리기도 한다.

밀가루를 반죽할 때 토마토즙이나 시금치즙, 당근즙, 오징어먹물 등을 섞어 넣으면 예쁜 색깔의 파스타를 만들 수 있다.

파스타는 크게 촉촉히 젖은 상태의 생파스타와 딱딱한 건조파스타로 나뉜다. 말랑말랑한 생파스타는 소스를 잘 흡수하며 건조파스타와는 다른 신선한 맛을 느낄 수 있다. 또한 삶는 시간을 절약할 수도 있다. 반면 건조파스타는 장기간 저장이 가능하다는 장점이 있다.

파스타를 소스에 버무릴 때 수분이 부족하면 면 삶은 물을 넣어 준다. 치즈나 리코타, 생크림을 넣을 경우는 소스가 뻑뻑해질 수 있다.

● **라비올리(Ravioli)** : 라비올리는 두 장의 얇은 밀가루피 안에 육류나 치즈, 야채 등으로 속을 채워 넣은 이탈리아식 만두이다. 이탈리아 북부의 몇몇 지방에서는 아뇨로티(Agnolotti) 라고도 불린다. 라비올리는 속을 채워 넣기 때문에 건조시킬 수 없다. 보통 바로 먹거나 냉장, 냉동 보관한다.

● **카페레티와 토르텔리니(Cappelletti e Tortellini)** : 속을 채워 넣는 방식은 라비올리와 같다. 다른 점이 있다면, 라비올리가 두 장의 피를 이용하는데 비해 카페레티와 토르텔리니는 한 장의 밀가루피 안에 속을 넣고 반으로 접어서 만든다. 우리의 만두 만드는 방식과 유사하다.

● **뇨끼(Gnocchi)** : 뇨끼는 감자와 밀가루, 물을 넣고 섞어 만든 이탈리아식 감자수제비이다. 반죽에 토마토즙이나 시금치즙 등을 섞어 색깔을 낼 수도 있다. 전통적으로 뇨끼에는 속을 넣지 않지만 요즘은 치즈나 야채, 버섯 등으로 속을 채운 새로운 뇨끼도 생산된다.

● 파스타 삶는 법

1. 냄비는 물이 끓어도 넘치지 않을 정도의 속이 깊은 것을 준비한다
물은 파스타 100g당 1리터를 기준으로 하는데 넉넉히 끓이는 것이 좋다. 특히 라자냐같은 시트 타입의 파스타는 물을 충분히 넣는다.

2. 물이 끓어오르면 꽃소금을 넣는다
물 1리터당 10~12g의 소금을 기준으로 삼는다. 소금을 넣으면 면에 간도 배고 쫄깃하게 삶아진다. 미리 소금을 넣으면 물 끓는 시간이 더디어지므로 반드시 물이 끓어오를 때 소금을 넣는다(달걀로 반죽한 생파스타나 라자냐같이 부피가 큰 파스타는 올리브오일을 넣어 서로 달라 붙는 것을 방지한다).

3. 파스타를 넣는다
긴 파스타는 던지듯이 한 번에 방사형으로 넣는다. 짧은 파스타는 천천히 부어가며 넣는다.

4. 파스타 전체가 물에 잠기고 냄비 바닥에 달라붙지 않도록 저어 준다
너무 저으면 면 표면이 깎일 수 있으므로 주의해야 한다.

5. 알 덴테(Al dente) 상태로 삶는다
파스타는 모양과 두께, 제조회사에 따라 익는 시간이 다르다. 제품 포장지에 표기된 면 익는 시간을 참고로 하되, 파스타의 표면은 익고 가운데는 약간의 심이 있는 상태가 바로 알 덴테(al dente)의 상태이다. 가장 확실히 구별하는 방법은 삶는 동안 조금씩 건져 씹어 보면서 확인해 보는 것이다.

6. 파스타가 알 덴테 상태로 삶아지면 체에 밭쳐 물기를 뺀다
삶은 파스타는 절대 찬물에 헹구지 않는다. 파스타 표면에 있는 조직이 파괴되어 소스가 잘 묻지 않기 때문이다. 단, 차가운 파스타를 만들 때는 예외이다.

Point

1. 파스타는 너무 알 덴테 상태여도 소화가 안 되고, 너무 삶아도 소화가 안 된다.
2. 파스타용 냄비는 물이 충분히 들어갈 수 있는 속이 깊은 냄비를 이용한다. 보통 파스타 100g당 약 1리터의 물이 필요하다. 물은 냄비의 3/4 높이를 넘으면 안 된다.
3. 소금은 물 1리터당 10g이 적당하다. 냄비 바닥에 기포가 생기면서 물이 끓어오를 때가 소금 넣기에 가장 적당한 시기이다.
4. 물이 끓으면 파스타를 던지듯 넣고 즉시 저어 준다. 센불에서 빨리 삶아야 하며 뚜껑을 덮고 삶으면 안 된다. 파스타를 넣은 후 물이 다시 끓어오르면 불을 조절해 준다.
5. 삶으면서 가끔씩 저어 준다. 긴 파스타는 나무로 된 큰 포크로 젓고, 짧은 파스타는 숟가락으로 젓는다.
6. 파스타는 삶으면 물을 흡수해서 무게는 3배까지, 부피는 4배까지 늘어난다.

소스를 끼얹어 내는 파스타의 경우는 알 덴테 상태일 때 파스타 삶기를 끝내고, 소스에 한번 더 볶아 내는 경우는 조금 일찍 삶기를 끝낸다.

02 **Cook**ing *Italian* **Pasta**

La maremma >

Pasta Restaurant 02

La maremma
라 마렘마

이탈리아 토스카나 지방의 해안 늪지란 뜻에 맞게 오래 전부터 가까운 지역에서 나는 풍부하고 신선한 자연 산물을 주로 사용한다.
특히 파스타 요리뿐만 아니라 닭의 간으로 요리해서 그릴에 구운 페토 디 폴로(Petto di pollo) 등 토스카나 전통 요리를 주로 하는 곳이다.

Via verdi 16/r firenze

* La maremma

매운 고추와 마늘 스파게티

Spaghetti aglio, olio e peperoncino 스파게티 알리오, 올리오 에 페페론치노

1980년대 이탈리아인들의 사랑을 가장 많이 받은 파스타로, 마늘과 올리브오일, 이탈리안 매운 고추만을 이용한 아주 간단한 파스타 요리이다.

재료 • 4인 기준

스파게티면 400g
마늘 4쪽
페페론치노 2~3개
올리브오일 100g
다진 이탈리안 파슬리 약간
소금 약간

1. 마늘과 페페론치노 볶기
2. 스파게티면 삶기
3. 완성된 접시에 파슬리 뿌리기

🫑 **만들기**

❶ **재료 손질하기**
마늘은 껍질을 벗기고 잘게 다진다.
페페론치노는 잘게 부숴 놓는다.

❷ 팬에 충분한 양의 올리브오일을 두르고 마늘, 페페론치노(매운맛을 원하는 경우 페페론치노를 잘게 부숴 넣거나 가루를 이용한다)를 넣어 볶는다.

❸ 마늘이 갈색으로 될 때 이탈리안 파슬리 가루를 넣고 볶는다.

❹ ❸에 삶은 스파게티면을 넣고 센불에서 한 번 더 볶아 낸다.

❺ 완성된 파스타를 접시에 담고, 기호에 따라 다진 이탈리안 파슬리를 얹어 낸다.

저자 (가운데)와 주인아저씨 (오른쪽)

라 마렘마의 실내 전경

* La maremma

토마토와 매운 고추 파스타

Penne all` arrabbiata 펜네 알 아라비아타

'아라비아타(Arrabbiata)'는 이탈리아어로 '화가 난' 이란 뜻이다.
소스에 토마토와 페페론치노가 꼭 들어가야 하는 파스타로, 1970년대 이탈리아인들이 가장 즐겨 먹었던 것이다.

🫑 만들기

① 재료 손질하기
토마토는 윗부분에 열십자로 칼집을 내고 끓는 물에 5초 정도 넣었다가 꺼낸 후 껍질과 씨를 빼고 다진다 (생토마토 대신 토마토홀을 끓인 소스를 사용해도 된다).
마늘과 양파는 껍질을 벗겨 잘게 다진다.

② 팬에 올리브오일을 두르고 다진 마늘, 페페론치노를 넣어 살짝 볶는다.

③ 다진 토마토를 넣고 소금으로 간을 한 후 중간 불에서 저어가며 20분 정도 소스를 조린다. 소스가 어느 정도 되직해지면 다진 이탈리안 파슬리를 넣는다.

④ 삶은 펜네를 소스에 넣고 잘 버무린다.

⑤ 완성된 요리를 접시에 담고 페코리노치즈 (또는 파르메산치즈) 가루를 뿌려 낸다.

재료 • 4인 기준

펜네면 350g
토마토 500g
마늘 1쪽
양파 1개
페페론치노 1개
페코리노치즈 (또는 파르메산치즈) 가루 2큰술
올리브오일 5큰술
다진 이탈리안 파슬리 약간
소금 약간

펜네면

1. 다진 마늘과 페페론치노 볶기
2. 토마토소스 넣고 끓이기
3. 다진 이탈리안 파슬리 넣기
4. 삶은 펜네 넣고 끓이기
5. 접시에 담아 내기

* La maremma

버터와 세이지향이 있는 라비올리

Ravioli con burro e salvia 라비올리 콘 부로 에 살비아

버터의 고소한 맛과 세이지 잎의 진한 향이 어우러진 요리로, 한 차원 높은 파스타의 맛을 느낄 수 있다.

1. 준비한 속으로 라비올리 만들기
2. 버터에 세이지 잎 넣고 볶기
3. 삶은 라비올리 넣기
4. 완성된 라비올리 담아 내기

🎃 만들기

① 반죽하기
밀가루와 소금을 섞어 체에 내린다. 밀가루를 소복이 쌓고 가운데 달걀을 깨 넣은 다음, 15분 정도 손으로 치대어 반죽한다. 반죽을 둥글게 만들어 살짝 누른 후 밀대로 얇게 밀어 지름 8cm 크기로 네모나게 자른다.

② 속 만들기
팬에 버터를 넣고 다진 쇠고기, 돼지고기, 닭고기를 넣어 약한불에서 뚜껑을 덮고 20분 정도 익힌다. 고기가 어느 정도 익으면 소금으로 간을 한다. 익은 고기는 식혀서 그릇에 담고 파르메산치즈 가루, 달걀을 넣어 잘 섞는다.

③ 속 넣고 빚기(라비올리)
파스타 시트에 적당히 속을 넣고 반으로 접어 삼각형 형태로 만든다. 속이 나오지 않게 둘레를 잘 눌러 주고 양쪽 끝을 연결시켜 만두 모양으로 만든다.

④ 끓는 물에 소금을 넣고 라비올리를 넣어 12~15분 정도 삶는다. 익으면 체에 밭쳐 물기를 뺀다.

⑤ 달군 팬에 버터와 세이지 잎을 넣고 버터가 녹으면 삶은 라비올리를 넣어 2~3분 정도 볶는다.

⑥ 완성된 음식을 접시에 담고 다진 이탈리안 파슬리를 장식으로 뿌려 낸다.

재료 • 4인 기준

반죽 : 밀가루 300g
   달걀 3개
   소금 약간
속 : 다진 쇠고기 150g
  다진 돼지고기 150g
  다진 닭 가슴살 150g
  달걀 1개
  파르메산치즈 가루 150g
  버터 40g
  소금 약간
소스 : 버터 약간
   세이지 7~8잎

Point

살비아(Salvia) : 세이지
이탈리아 텃밭에서 흔히 볼 수 있는 허브로 잎은 벨벳처럼 촉감이 부드럽다. 간 요리나 육류, 감자를 기름에 볶을 때 넣어 주면 좋으며, 잎이 단단한 편이라 칼로 다져도 쉽게 무르지 않는다.

주인아저씨와 종업원들

La maremma

해산물을 시트에 싸서 구운 파스타

Cannelloni di mare 칸넬로니 디 마레

해산물이 듬뿍 들어간 칸넬로니는 손님 초대용으로 안성맞춤이다. 오븐에 구워진 소스의 맛이 독특한 이탈리아 명절 파스타이다.

1. 칸넬로니 시트 만들기
2. 속 재료 준비하기
3. 속 재료 넣기
4. 칸넬로니 위에 파슬리와 치즈를 뿌리고 오븐에 굽기

재료 • 4인 기준

반죽:	밀가루 300g	토마토 잘게 다진 것 400g
	달걀 3개	다진 이탈리안 파슬리 약간
	올리브오일 2큰술	마늘 1쪽
	(1큰술: 반죽할 때, 1큰술: 삶을 때)	화이트 와인 1/2컵
	소금 약간	올리브오일 3큰술
속:	새우, 가재, 홍합, 바지락 400g	소금, 후춧가루 약간씩
	(새우를 이용한 속 재료 대신 흰살생선, 명태, 가자미, 도미 등을 사용됨)	파르메산치즈 가루 약간

🍅 만들기

❶ **반죽하기**: 밀가루를 소복히 쌓고 가운데 달걀, 올리브오일(1큰술), 소금을 넣고 손으로 치대어 반죽한다. 반죽을 둥글게 만들어 랩으로 씌운 후 30분 정도 숙성시킨다.

❷ **속 만들기**: 마늘은 잘게 다지고, 토마토는 잘게 썰어 준비한다. 새우와 가재는 껍질을 벗겨 내장을 제거한 후 물에 헹궈 놓고, 홍합과 바지락은 깨끗이 씻은 후 삶아 껍질은 버린다.
준비한 모든 재료에 약간의 물을 붓고 다진 이탈리안 파슬리와 소금을 약간 넣은 후, 40분 정도 뭉근한 불에서 익힌다.

❸ **소스 만들기**: ❷의 익힌 재료 중 1/2은 잘게 다져서 소스용으로 준비한다.

❹ **속 넣기**: 숙성시킨 반죽을 밀대로 얇게 밀어 가로, 세로 8cm 크기의 시트 6장을 만든다. 끓는 물에 소금과 올리브오일 1큰술을 넣은 뒤 파스타 시트를 넣어 살짝 삶은 후 물기를 완전히 빼고 식힌다(시트가 서로 붙는 것을 방지하려면 한 장씩 삶아 준다).
식힌 시트 위에 준비한 속을 적당히 넣고 둘둘 말아 칸넬로니를 만든다.

❺ **오븐에 굽기**: 오븐 그릇에 준비한 소스를 바르고 칸넬로니를 놓은 후 그 위에 다시 한번 소스를 바른다. 다진 이탈리안 파슬리와 파르메산치즈 가루를 뿌린다. 200°C로 예열한 오븐에 준비한 칸넬로니를 넣고 표면이 노릇하게 굽는다.

Theme story_ 02

올리브오일 이야기

이탈리아 레스토랑에 가면 올리브오일 향기가 곳곳에 배어 있다. 파스타 요리는 물론 샐러드, 육류, 어패류, 야채 그릴 요리에 빠질 수 없는 중요한 조미료 중의 하나이기 때문이다.

올리브오일은 열매를 수확하는 방법에 따라 5배까지 가격의 차이가 난다. 아직도 몇몇 농장에서는 손으로 직접 제일 좋은 열매를 골라 딴 후 변질을 막기 위해 곧바로 기름을 짠다. 스페인과 함께 올리브오일 생산에서 세계 1, 2위를 다투는 이탈리아. 그래서인지 이탈리아 사람들의 자부심은 대단하다.

과연 올리브오일에는 뭔가 특별한 것이 있을까?

1. 왜 올리브오일이 좋다고 하나요?

식물성기름은 기름을 짤 때 화학적 처리 과정을 거치지만, 올리브오일은 1000년 전에 그랬던 것처럼 열매를 직접 짜서 만들기 때문에 특별한 화학처리를 하지 않는다.

2. 정말 올리브오일은 모든 사람에게 적합한가요? 부작용은 없나요?

특별한 부작용은 없으며 다른 기름에 비해 소화흡수력이 월등히 뛰어나다. 콜레스테롤 예방 효과도 있으며 간, 장 운동과 비타민 A, D, E, K 흡수를 도와준다. 특히 엑스트라 버진 올리브오일은 올바른 영양 섭취를 필요로 하는 노약자나 어린이에게 적합하다.

3. 엑스트라 버진 올리브오일과 퓨어 올리브오일은 어떤 차이가 있나요?

올리브오일은 크게 엑스트라 버진 올리브오일(Olio Extra Vergine di Oliva)과 정제 올리브오일(Olio di Oliva raffinato), 퓨어 올리브오일(Olio di Oliva) 세 가지로 나뉘지만, 보통 엑스트라 버진 올리브오일과 퓨어 올리브오일을 사용한다.

엑스트라 버진은 화학 처리를 전혀 하지 않은 산가 1% 이하의 가장 질이 좋은 오일이다. 향이 좋고 어떤 요리에도 잘 어울리므로 음식을 조리할 때도 사용하고 오일 자체의 향을 느낄 수 있는 샐러드나 수프, 빵 위에 그냥 뿌려 먹기도 한다. 정제 올리브오일은 화학적으로 올리브 향을 제거해 잘 산화하지 않는다.

엑스트라 버진 올리브오일

퓨어 올리브오일은 엑스트라 버진과 정제 올리브오일을 섞은 것으로 산가가 1.5% 이하이고, 보통 튀김이나 그 밖의 요리에 사용한다.

4. 올리브오일은 어떻게 보관하나요?

병마개를 꼭 닫아 햇빛이 들지 않는 서늘한 곳에 보관한다. 올리브오일은 8°C 이하에서 하얗게 굳는 성질이 있는데 실온에 놔두면 원상태로 돌아온다. 물론 품질에는 이상이 없다. 올리브오일은 보관만 제대로 하면 1년 이상 보존할 수 있다.

5. 좋은 올리브오일의 선택법은?

올리브오일의 색깔은 나무의 품종과 열매 수확 시기에 따라 다양하게 나타난다. 올리브 열매는 설익은 상태에서는 연두색을 띠고 익을수록 짙은 검정색으로 변하는데, 예를 들면 토스카나 주에서 생산되는 올리브오일은 연두색을 띤다. 설익은 그린 올리브를 수확해 기름을 짜기 때문이며 품질과는 아무 관계가 없다.

모든 올리브오일이 여과 과정을 거치는 건 아니다. 생산자에 따라 여과 과정 없이 판매하기도 하는데 투명도에서 보석 오팔과 같은 색이 나타난다.

일반적으로 북부지방에서 생산되는 올리브오일이 중부와 남부지방의 것보다 더 액체 상태이다. 또한 향기는 토질과 나무의 수령, 품종에 따라 달라진다. 이처럼 다양한 종류와 예외가 있기 때문에 가장 좋은 방법은 맛을 보고 선택하는 것, 신뢰받는 상표를 선택하는 것이 좋다.

가정에서 쉽게 만들 수 있는 색다른 올리브오일

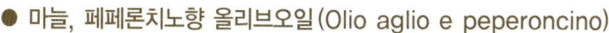

- **마늘, 페페론치노향 올리브오일(Olio aglio e peperoncino)**
  병을 준비해 올리브오일 3컵과 살짝 으깬 마늘 2쪽, 매운 페페론치노 3개(매운맛을 원하면 양을 늘린다)를 넣고 병마개를 닫는다. 햇빛이 들지 않는 어두운 곳에 3주간 놔둔다. 토마토 샐러드나 스파게티, 생선 수프에 잘 어울린다.

- **허브향 올리브오일(Olio alle erbe aromatiche)**
  병을 준비해 올리브오일 3컵과 세이지 2~3잎, 로즈메리 2줄기, 타임 3줄기를 넣고 병마개를 닫는다. 햇빛이 들지 않는 어두운 곳에 3주간 놔둔다. 그릴에 고기를 구울 때 사용하면 잘 어울린다.

- **레몬향 올리브오일(Olio al limone)**
  병을 준비해 올리브오일 3컵과 레몬 껍질(레몬 2개 정도)을 가늘게 채썰어 넣고 병마개를 닫는다. 레몬향이 오일에 스며들도록 어두운 곳에 3주간 놔둔다. 생선 요리나 닭고기, 야채 샐러드에 잘 어울린다.

Point
병과 모든 재료는 물기를 제거한 후 사용한다.

03 Cooking * Italian Pasta

De' Medici >

Pasta Restaurant 03

De' Medici
데 메디치

피렌체의 산타마리아 노벨라에서 로렌조 시장으로 가는 중간에 위치해 있다. 관광객들이 주로 가는 곳으로 톡톡한 지방음식보다는 누구나 즐겨 먹을 수 있는 음식으로, 강하거나 독특한 향신료 보다는 우리에게 친숙한 맛들이 있는 곳이다.

Via del giglio 49/r

* De' Medici

완두콩, 프로슈토햄, 생크림 파스타
Fettuccine panna, piselli e prosciutto 페투치네 판나, 피셀리 에 프로슈토

휘핑크림이나 생크림 등을 넣어 누구의 입맛에도 맞는 파스타로, 소스를 너무 많이 넣지 않도록 한다.

페투치네면

프로슈토 크루도(생햄)
돼지의 넙적다리를 소금에 절여 따뜻한 곳에서 건조시킨 뒤 다시 3개월 동안 자연 숙성시킨 생햄

완두콩

1. 재료 준비하기
2. 버터에 햄 넣고 볶기
3. 휘핑크림 넣기
4. 삶은 면 넣기

재료 • 4인 기준

페투치네면 300g
프로슈토햄 160g
완두콩 300g
휘핑크림 150g
버터 30g
소금, 후춧가루 약간씩

 **만들기**

① 재료 손질하기
완두콩은 콩깍지를 벗기고 씻은 후 충분한 양의 끓는 물에 소금을 넣고 삶아 물기를 뺀다(끓기 시작할 때 올리브오일을 약간 넣고 삶으면 고소한 맛이 난다).
햄은 가로 1cm, 세로 2cm 크기로 썬다.

② 팬에 버터를 녹인 후 햄을 넣어 볶다가 소금, 후춧가루로 간을 한다.

③ ②에 삶은 완두콩을 넣고 버터의 향이 잘 배도록 3~4분 정도 햄과 완두콩이 잘 섞이도록 볶는다.

④ 휘핑크림을 붓고 저어가며 걸쭉하게 조린다.

⑤ 준비한 소스에 삶은 페투치네면을 넣고 섞는다.

데 메디치의 주방

주방기기들

* De' Medici

생크림과 토마토소스에 조린 뇨끼

Gnocchi della casa 뇨끼 델라 카자

감자로 만든 뇨끼는 이탈리아의 젊은이들 사이에 인기가 많다. 살짝만 삶은 뇨끼는 떡처럼 쫄깃한 맛이 있어야 제 맛이 난다.

1. 재료 준비하기
2. 올리브오일에 마늘 볶기
3. 토마토소스에 바질 넣고 볶기
4. 생크림 넣은 후 삶은 뇨끼 넣기

🫑 만들기

① **재료 손질하기**
바질과 이탈리안 파슬리 잎은 깨끗이 씻은 후 잘게 다진다.
마늘은 잘게 다진다.

② 팬에 올리브오일을 두르고 다진 마늘을 넣어 살짝 볶는다.

③ ②에 토마토소스를 넣고 뭉근히 끓인 후 다진 바질을 넣는다.

④ 토마토소스가 졸아들면 생크림을 넣어 잘 섞는다.

⑤ 삶은 뇨끼를 넣고 소스가 골고루 스며들게 2분 정도 버무린 뒤 불에서 내린다.

⑥ 완성된 뇨끼를 접시에 담고, 다진 이탈리안 파슬리를 뿌려 낸다.

재료 • 4인 기준

뇨끼 350g
토마토소스 200g
생크림 150g
바질 약간
이탈리안 파슬리 약간
올리브오일 3큰술
마늘 1쪽
소금, 후춧가루 약간씩

바질

뇨끼

Point

뇨끼(Gnocchi) 만드는 법

재료 : 감자(큰것) 2개, 밀가루 80g, 달걀 1개, 소금 약간

1. 냄비에 충분한 양의 물을 붓고 깨끗이 씻은 감자를 넣어 삶는다.
2. 삶은 감자는 껍질을 벗긴 후 잘게 으깨거나 다진다.
3. 으깬 감자를 소복하게 쌓아 가운데 달걀을 깨뜨려 넣고 밀가루를 붓고 소금을 넣어 간한다. 잘 치대가며 반죽한다.
4. 반죽을 손으로 길게 밀어 3cm 길이로 썬 후 포크로 찍어 모양을 낸다.
5. 끓는 물에 올리브오일을 약간 넣고 뇨끼를 넣은 뒤 떠오르면 건져 낸다.

* De' Medici

달걀 노른자와 생크림 파스타

Spaghetti alla carbonara 스파게티 알라 카르보나라

이탈리아인들이 즐겨 먹는 카르보나라는 여느 레스토랑에서도 빠지지 않는 단골 메뉴이다. 간단하지만 만드는 차이에 따라 여러 가지 맛을 낼 수 있다.

재료 • 4인 기준

스파게티면 320g
베이컨 200g
달걀 노른자 2개
파르메산치즈 가루 4큰술
생크림 130g
버터 약간
소금, 후춧가루 약간씩

만들기

① 베이컨은 가로, 세로 2cm로 썬다.
② 팬에 버터를 두르고 베이컨을 넣어 중간불에서 볶는다. 베이컨은 너무 바짝 볶지 않도록 주의한다.
③ ②의 재료를 볶을 때 소금 약간과 후춧가루로 간을 한다.
④ 재료가 다 볶아지면 생크림을 넣어 끓인 후 불에서 내린다.
⑤ ④의 소스에 뜨거운 상태의 삶은 스파게티면을 넣고, 그 위에 달걀 노른자를 얹어 재료가 잘 섞이도록 빠른 시간에 함께 버무린다.
⑥ 완성된 파스타를 접시에 담고 파르메산치즈 가루를 뿌려 낸다.

Point
달걀 노른자와 생크림 파스타(카르보나라)는 팬에 남은 뜨거운 열을 이용해 면과 달걀을 넣고 재빨리 버무려야 한다. 기호에 따라 생크림 대신 달걀 노른자만으로 맛을 내기도 한다.

달걀과 생크림

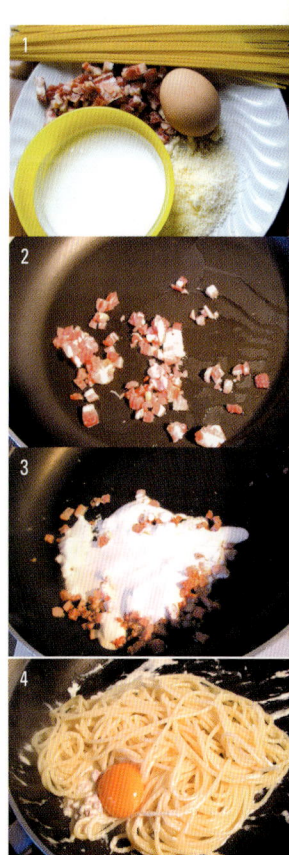

1. 재료 준비하기
2. 버터에 베이컨 넣고 볶기
3. 생크림 넣고 끓이기
4. 달걀 노른자 넣기
5. 재빨리 버무리기

* De' Medici

가지를 이용한 파스타

Rigatoni alla melanzane 리가토니 알라 멜란자네

가지만을 큼직큼직하게 썰어 토마토소스로 맛을 낸 파스타로, 가지의 향이 파스타와 아주 잘 어울려 특별한 새료 없이도 독특한 맛을 낸다.

🫑 만들기

1 재료 손질하기
  가지는 껍질째 한입 크기로 썬다.
  양파는 잘게 썬다.
  마늘은 칼등으로 으깬다.

2 팬에 올리브오일 2큰술을 두르고, 으깬 마늘과 양파를 넣어 살짝 볶는다.

3 **2**에 토마토소스와 토마토페이스트를 넣고 5분 정도 조린다.

4 썰어 놓은 가지를 넣고 소금, 후춧가루로 간을 한 후 20분 정도 뭉근히 끓인다.

5 삶은 리가토니면을 넣는다.

6 불에서 내리기 전에 다진 이탈리안 파슬리와 파르메산치즈 가루를 뿌린다.

7 완성된 요리를 접시에 담아 낸다.

Point

토마토페이스트
토마토의 수분은 증발시키고 과육만 농축한 액으로, 토마토펄프나 토마토퓌레와 같이 섞어 소스를 만들 때도 이용한다.

1. 재료 준비하기
2. 올리브오일에 양파 볶기
3. 토마토페이스트 넣기
4. 썰어 놓은 가지, 파슬리 넣기
5. 삶아 놓은 면 넣기

재료 • 4인 기준

리가토니면 350g
가지 2개
토마토소스 50g
토마토페이스트 2큰술
양파 1/2개
다진 이탈리안 파슬리 약간
마늘 1쪽
파르메산치즈 가루 약간
올리브오일 3큰술
소금, 후춧가루 약간씩

가지

마늘

데 메디치의 실내 장식품

* De' Medici

훈제연어에 곁들인 나비모양의 파스타
Farfalle al salmone affumicato 파르팔레 알 살모네 아푸미카토

단백질이 풍부한 훈제연어의 고소한 맛이 그대로 살아 있도록 하기 위해 빠른 시간에 요리를 해야 하는 파스타이다.

재료 • 4인 기준

파르팔라면 400g
훈제연어 80g
생크림 100g
너트맥 약간
보드카 1작은컵
파프리카 가루(단것) 1작은술
버터 30g
소금, 후춧가루 약간씩

🌶 **만들기**

① 재료 손질하기
   훈제연어는 적당한 크기로 썬다.
② 팬에 생크림을 넣고 뜨거워질 때까지 끓인다.
③ 생크림이 끓으면 동량의 버터를 넣고 완전히 녹을 때까지 젓는다.
④ 버터가 완전히 녹으면 훈제연어, 너트맥, 파프리카 가루를 넣는다.
⑤ ④의 재료가 끓기 전에 보드카를 넣고 소금, 후춧가루로 간을 한다.
⑥ 삶아 놓은 파르팔라면을 소스에 넣고 2~3분 정도 저어가며 볶는다.
⑦ 완성된 요리를 접시에 담아 낸다.

1. 재료 준비하기
2. 생크림 끓이기
3. 훈제연어 넣기
4. 보드카 넣고 소금으로 간하기
5. 삶은 면 넣고 버무리기

쵸코시럽 위에 신선한 과일과 생크림을 얹어 만든 데 메디치의 디저트 요리

* De' Medici

베이컨을 이용한 스파게티

Spaghetti all`abruzzese 스파게티 알 아부루체제

이탈리아 중부 아브루치 주에서 시작된 요리로, 스파게티와 언제나 잘 어울리는 베이컨을 이용한 파스타이다.

🍅 **만들기**

① **재료 손질하기**
양파는 껍질을 벗기고 잘게 다진다.
베이컨은 가로, 세로 1.5cm로 썰어 준비한다.
바질잎은 씻어 반드시 물기를 제거한 후 준비한다.

② 팬에 올리브오일을 두르고 양파와 베이컨을 넣고 볶는다.

③ 양파가 투명하게 볶아지면 다진 바질과 파슬리가루를 넣는다.

④ 소금, 후춧가루로 간을 하고 아주 약한불에서 10분 정도 익힌다(농도가 되면 물을 약간씩 붓는다).

⑤ 삶은 스파게티면을 넣고 버무려 불에서 내린다.

⑥ 완성되면 접시에 담고 치즈 가루를 뿌려 낸다.

⑦ 기호에 따라 토마토 소스를 이용하기도 한다.

재료 • 4인 기준

스파게티면 350g
베이컨 100g
양파 1개
다진 파슬리 약간
바질 3~4잎
치즈 가루 100g
올리브오일 3큰술
소금, 후춧가루 약간씩

베이컨

1. 재료 준비하기
2. 올리브오일 넣고 마늘과 양파 볶기
3. 베이컨 넣고 볶기
4. 다진 바질과 파슬리 넣기
5. 삶은 스파게티면 넣기

데 메디치의 테이블 세팅

Theme story_ 03
허브 이야기

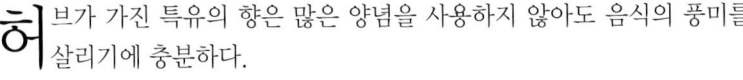

허브가 가진 특유의 향은 많은 양념을 사용하지 않아도 음식의 풍미를 살리기에 충분하다.

요리를 즐기는 이탈리아 사람들은 텃밭에 여러 종류의 허브를 재배하거나 집안에 허브 화분 몇 개쯤은 가지고 있다. 야채 가게에서는 몇 줄기 정도는 덤으로도 얻을 수 있다.

언뜻 보면 비슷해 보이는 허브지만 각자 특유의 향과 맛을 가지고 있다. 허브가 가진 독특한 향과 색을 유지하기 위해서는 씻고 자르는 방법도 중요하다. 일반적으로 찬물에서 재빨리 씻고 물기를 제거한 뒤 사용한다.

로즈마리노

살비아

루꼴라

티모

● **프레체몰로(Prezzemolo) : 이탈리안 파슬리**
톱니 모양의 잎을 가진 이탈리안 파슬리로 미나리와 비슷하게 생겼다. 로마시대에는 요리보다 제례의식용으로 사용했다고 한다.
파스타, 리조토, 샐러드나 야채크림을 만들 때는 잎을 다져서 사용한다. 줄기는 향이 강하므로 육수를 만들 때나 넣어 준다.
토끼는 프레체몰로를 특히 좋아하고 육질의 향을 증가시킨다. 반면 앵무새에게는 독소가 되는 요소를 갖고 있는 치명적인 허브이다.

● **바실리코(Basilico) : 바질**
이탈리아 요리에서 빠질 수 없는 허브로 '허브의 왕' 이라 불린다.
키친타올에 물을 묻혀 닦고 잎만 사용한다. 요리에 넣으면 다른 야채의 향을 증가시키는 효과가 있다. 금속과 닿을 경우 향이 쉽게 변하기 때문에 될 수 있으면 손으로 찢어 사용한다. 길게 잘라야 할 경우는 가위를 이용한다. 바질은 검게 변색되기 쉬우므로 요리의 끝 단계에 넣어 준다. 페스토소스를 만들 때도 사용한다.

● **로즈마리노(Rosmarino) : 로즈메리**
라틴어로 '바다의 이슬' 이라는 뜻이다. 키가 180cm까지 자라며, 지중해 지역에 많이 분포한다.
로즈메리는 고기를 구울 때나 어패류의 잡냄새를 제거하기 위해 주로 사용한다.

- **살비아(Salvia) : 세이지**
  이탈리아 텃밭에서 흔히 볼 수 있는 허브로, 잎은 벨벳처럼 촉감이 부드럽다. 옛부터 민간요법에 많이 사용되어 왔다.
  간 요리나 육류, 감자를 기름에 볶을 때 넣어 주면 좋다. 잎이 단단한 편이라 칼로 다져도 쉽게 무르지 않는다.

- **알로로(Alloro) : 월계수잎**
  보통 말린 잎을 쓰거나 생잎을 사용한다. 줄기는 쓴맛이 강하기 때문에 사용하지 않는다. 향이 강해서 다른 향을 감소시킬 수 있으므로 한 가지 요리에 너무 많이 사용하지 않도록 한다. 자르지 않고 음식에 넣거나 2~3조각으로 잘라 넣는다.

- **오리가노(Origano) : 오레가노**
  오레가노는 항상 마른 가루를 사용하며, 토마토 샐러드나 피자 소스 위에 뿌릴 때 주로 사용한다.

- **티모(Timo) : 타임**
  그리스 시대부터 사용해 온 허브로 품종이 다양하다.
  건조 파스타나 속을 채운 파스타, 고기를 구울 때 향을 더하기 위해 사용한다. 육류 요리에 곁들이는 소스를 만들 때도 사용한다.

- **파프리카(Paprika)**
  단맛이 나는 고추의 일종으로 만든 향료로, 파스타 요리나 기타 고기 요리에 많이 쓰인다.

피노끼오 씨

- **발사믹 식초(Aceto balsamico)**
  이탈리아를 대표하는 암갈색을 띤 식초로 모데나가 원산지이다.
  전통적인 방법으로 만드는 발사믹 식초는 엄격하게 말하면 식초가 아니다. 알코올 발효 과정에서 추출하지 않기 때문이다. 에밀리아 로마냐 주에서 많이 재배되는 트레비아종 백포도의 즙을 조린 후 나무통에 넣고 숙성시켜 만드는데 보통 15년 정도 걸린다.

페페론치노 가루

발사믹 식초의 숙성 과정

이탈리안 파슬리

04 Cooking * Italian Pasta

La Dantesca >

Pasta Restaurant 04

La Dantesca
라 단테스카

모든 재료를 신선한 상태 그대로 사용하는 레스토랑이다.
특히 토마토소스가 들어가는 모든 음식에 싱싱한 방울토마토를 사용하는 것이, 가볍고 심플한 맛을 즐길 수 있는 이곳만의 비결이다.

Via panzani 57/r piazza s.maria novella 24/r firenze

La Dantesca

토마토소스에 곁들인 바지락, 호박 파스타

Taglierini vongole, zucchine e pomodorini 탈리에리니 봉골레, 주끼네 에 포모도리니

해산물과 잘 어울리는 주끼니호박은 파스타 재료로 아주 인기가 많다. 바지락의 시원한 국물 맛이 배어 있어 우리 입맛에도 익숙한 파스타이다.

재료 • 4인 기준

탈리에리니면 350g
주끼니호박 2개
바지락 400g
방울토마토 200g
다진 이탈리안 파슬리 약간
올리브오일 3큰술
마늘 2쪽
소금 약간
바지락 삶은 물 반컵

주끼니 호박

바지락

🫑 만들기

❶ 재료 손질하기
바지락은 소금물에 30분 정도 담가 해감을 토하게 한 후 깨끗이 씻는다.
주끼니호박은 반으로 자른 뒤 긴 반달모양으로 납작하게 썬다.
방울토마토는 이등분한다.
마늘은 껍질을 벗겨 잘게 다진다.

❷ 팬에 올리브오일을 두르고 다진 마늘을 넣어 노릇하게 볶는다.

❸ 마늘이 노릇하게 볶아지면 썰어 놓은 주끼니호박과 소금을 약간 넣고 1분 정도 볶는다.

❹ ❸에 바지락을 넣고 볶다가 바지락의 입이 벌어지면 방울토마토를 넣고 2~3분 정도 더 볶는다.

❺ 바지락 삶은 물을 붓고 뚜껑을 덮은 뒤 모든 재료가 충분히 익도록 3분 정도 끓인다.

❻ 준비된 소스에 삶은 탈리에리니면과 다진 이탈리안 파슬리를 넣고 30초 정도 재료가 섞이도록 볶는다.

❼ 완성된 파스타를 접시에 담아 낸다.

라 단테스카의 실내 전경

1. 올리브오일과 마늘 넣고 볶기
2. 호박, 바지락 넣고 볶기
3. 방울토마토 넣고 볶기
4. 바지락 삶은 물 넣기
5. 삶은 탈리에리니면 넣기

*La Dantesca

호두와 고르곤졸라치즈 뇨끼

Gnocchetti gorgonzola e noci 뇨께티 고르곤졸라 에 노치

뇨께티는 '작은 뇨끼' 라는 뜻이다.
푸른곰팡이 치즈인 고르곤졸라의 맛이 강하지만 자꾸 먹으면 고소한 맛이 일품이다. 고르곤졸라치즈와 호두가 만나 고소하고 담백한 맛을 내며, 영양면에서도 뛰어난 파스타이다.

재료 • 4인 기준

뇨끼 400g
휘핑크림 150g
고르곤졸라치즈 150g
호두 200g
올리브오일 약간
소금 약간

Point

뇨끼는 감자와 밀가루, 물을 넣고 섞어 만든 이탈리아식 감자 수제비이다. 반죽에 토마토즙이나 시금치즙 등을 섞어 색깔을 낼 수도 있다.
전통적으로 뇨끼에는 속을 넣지 않지만 요즘은 치즈나 야채, 버섯 등으로 속을 채운 새로운 뇨끼도 생산되고 있다.

만들기

1. **재료 손질하기**
   고르곤졸라치즈는 한입 크기 정도로 잘라 녹기 쉽게 한다.
   호두는 껍질을 벗기고 너무 작지 않게 잘라 놓는다.
2. 팬을 불에 달군 뒤 휘핑크림을 넣는다.
3. ②에 잘라 놓은 고르곤졸라치즈를 넣고 살살 저어 준다. 치즈가 완전히 녹으면 소금을 약간 넣어 간을 한다.
4. 치즈가 다 녹으면 삶은 뇨끼를 넣고 3분 정도 뇨끼와 치즈가 잘 섞이도록 버무린다.
5. 치즈와 뇨끼가 알맞게 버무려졌으면 잘라 놓은 호두를 넣고 1분 정도 볶는다.
6. 완성된 파스타를 접시에 담아 낸다.

고르곤졸라(Gorgonzola)치즈

밀라노 근처에 위치한 '고르곤졸라' 라는 마을 이름에서 유래되었다. 푸른 초록색의 곰팡이가 든 치즈로 두 가지 타입이 있다. 크림 타입은 달콤한 맛이 돌고, 하드 타입은 매운맛이 돈다. 강한 고르곤졸라 향은 자주 먹으면 우리 입맛에도 익숙해진다.

1. 재료 준비하기
2. 고르곤졸라치즈 넣고 볶기
3. 뇨끼 넣고 볶기
4. 호두 넣고 볶기
5. 완성된 접시

* La Dantesca

타르투포버섯소스에 곁들인 뇨끼

Gnocchetti tartufati 뇨께티 타르투파티

화이트 크림소스와 가을, 겨울에 나는 타르투포버섯 크림소스로 만든 파스타이다.
시중에 나와 있는 타르투포버섯 크림소스를 사용할 수도 있다

재료 • 4인 기준

뇨끼 400g
휘핑크림 1작은컵
베샤멜 크림소스 (화이트 크림소스) 1작은컵
타르투포버섯 크림소스 2작은컵

🫑 만들기

❶ 불에 달구어 놓은 팬에 휘핑크림을 넣는다.
❷ ❶에 베샤멜 크림소스를 넣고 은근히 끓인다.
❸ 타르투포버섯 크림소스를 넣고 약한 불에서 서서히 녹인다.
❹ 베샤멜 크림과 타르투포버섯 크림이 서로 엉기면서 잘 녹도록 2~3분 정도 중간불에서 끓인다.
❺ 준비된 소스에 삶은 뇨끼를 넣고 2~3분 정도 더 끓인다.
❻ 완성된 요리를 접시에 담아 낸다.

1. 달군 팬에 휘핑크림 넣기
2. 베샤멜 크림소스 넣기
3. 타르투포버섯 크림소스 넣기
4. 소스 끓이기
5. 뇨끼 넣고 볶기

[타르투포버섯 크림소스 만드는 법]

재료 : 타르투포버섯 1개, 폰띠나치즈 300g, 우유 1/4리터, 달걀 노른자 3개, 소금·흰 후춧가루 약간씩

1. 폰띠나치즈를 얇게 썰어 그릇에 담고, 우유를 잠길 정도로 부은 후 1시간 정도 재워서 부드럽게 만든다.
2. 타르투포버섯은 먼지를 털어 내고 화이트와인에 담가 씻은 뒤 물기를 제거한다.
3. 폰띠나치즈를 건져 냄비에 넣고 치즈를 재웠던 우유 3큰술과 달걀 노른자를 넣은 뒤 저으며 끓인다. 치즈가 처음에는 실처럼 녹다가 되직한 크림 상태로 된다.
4. 치즈가 크림 상태로 되직해지면 불에서 내린 후 소금, 흰 후춧가루로 간을 하고 저어 준다.

[베샤멜 크림소스 만드는 법]

재료 : 밀가루 30g, 우유 1/3리터, 너트맥 약간, 버터 30g, 소금·후춧가루 약간씩

1. 냄비에 버터를 넣고 녹인다.
2. 녹인 버터에 밀가루를 넣고 나무주걱으로 저으며 약한불에서 노릇하게 볶는다.
3. 우유를 넣고 너트맥, 소금, 후춧가루로 간을 한 후 중간불에서 잘 저으며 10분 정도 조린다.
4. 소스가 어느 정도 되직해지면 불에서 내린다.

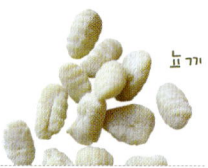
뇨끼

* La Dantesca

갈은 바질잎과 새우 파스타

Taglierini gamberi e pesto 탈리에리니 감베리 에 페스토

새우와 생 바질잎을 갈아 만든 페스토소스를 이용한 파스타이다. 화이트와인과 함께 먹으면 모든 맛이 잘 어울린다.

재료 • 4인 기준

- 탈리에리니면 350g
- 새우 300g
- 페스토소스 100g
- 올리브오일 3큰술
- 마늘 1쪽
- 소금 약간

바질잎 (Basilico 바실리코)

이탈리아 요리에서 빠질 수 없는 허브로 '허브의 왕'이라 불린다.
키친타올에 물을 묻혀 닦고 잎만 사용한다. 요리에 넣으면 다른 야채의 향을 증가시키는 효과가 있다. 페스토소스를 만들 때도 사용한다.

만들기

① **재료 손질하기**
새우는 머리를 떼어 내고 껍질을 벗겨 준비한다. 마늘은 껍질을 벗겨 칼등으로 누른 후 잘게 다진다.

② 팬에 올리브오일을 두르고 다진 마늘을 넣어 노릇하게 볶는다.

③ ②에 준비한 새우를 넣고 볶은 후 소금을 약간 넣어 간을 한다.

④ 새우가 익으면 페스토소스를 넣고 저어가며 30초 정도 더 볶다가 불에서 내린다.

⑤ 준비된 소스에 삶은 탈리에리니면을 넣고 잘 버무린다.

⑥ 완성된 파스타를 접시에 담아 낸다.

새우

Point

페스토소스

신선한 바질잎과 잣, 마늘, 파르메산치즈 가루, 올리브오일, 소금, 후춧가루를 함께 믹서에 넣고 갈아 만든 소스이다.

1. 올리브오일에 마늘 볶기
2. 손질한 새우 넣기
3. 페스토소스 넣기
4. 탈리에리니면 넣고 볶기
5. 완성된 접시

*La Dantesca

새우와 가지 파스타

Maltagliati melanzane e gamberi 말탈리아티 멜란자네 에 감베리

말탈리아티는 '같은 모양이 없이 아무렇게나 자른' 이란 뜻으로, 파스타를 일정하지 않게 잘라 새우, 가지와 함께 요리한 것이다.

🍅 만들기

① 재료 손질하기

　가지는 껍질을 완전히 벗기지 말고 껍질이 조금씩 남아 있게 벗긴 후 너무 작지 않게 4~5cm 정도로 썰어 소금을 약간 넣은 다음, 1시간 정도 눌러 재워둔 후 물기를 제거한다.
　칵테일 새우는 물에 살짝 헹군다.
　방울토마토는 이등분한다.
　마늘은 껍질을 벗겨 잘게 다진다.

② 팬에 올리브오일을 두르고 다진 마늘을 넣어 노릇하게 볶는다.

③ 마늘이 노릇하게 볶아지면 새우를 넣고 30초 정도 볶는다.

④ ③의 재료가 볶아지면 썰어 놓은 방울토마토를 넣고 2~3분 정도 볶는다.

⑤ 소금에 절여 물기를 제거한 가지를 넣고 방울토마토를 으깨면서 3분 정도 더 볶는다.

⑥ 볶으면서 다진 이탈리안 파슬리를 뿌린다.

⑦ 준비된 소스에 삶은 말탈리아티면을 넣고 저어가며, 재료가 잘 섞이도록 버무린 후 접시에 담아 낸다.

1. 올리브오일에 마늘 넣고 볶기
2. 새우, 방울토마토 넣고 볶기
3. 잘라놓은 가지 넣고 볶기
4. 다진 이탈리안 파슬리 넣고 볶기
5. 말탈리아티면 넣고 볶기

재료 • 4인 기준

말탈리아티면 400g
칵테일 새우 150g
방울토마토 200g
가지 50g
올리브오일 약간
마늘 1쪽
다진 이탈리안 파슬리 약간
소금 약간

재료들

Theme story_ 04

치즈 이야기

라틴어로 '우유 응고물을 틀에 넣다' 라는 의미로, 이탈리아에서는 '포르마죠' 라는 이름으로 불린다. 보통 젖소의 젖이 원료이지만 양젖, 염소젖, 물소젖 등을 원료로 만들기도 한다.

치즈는 인류의 역사와 함께 한 오래된 음식이다. 인류가 농업을 시작하고 가축을 사육하기 시작하면서 가축으로부터 우유를 얻게 되었다. 이미 기원전 6000년에 그리스의 섬들과 소아시아에서는 소, 양, 염소를 사육했으며, 영양가 높은 우유를 얻었다고 한다.

여러 종류의 치즈

● **모차렐라 (Mozzarella)**
나폴리가 있는 깜빠냐 주가 원산지로 두 가지 타입이 있는데, 우리가 알고 있는 모차렐라 디 무카(Mozzarella di mucca)는 젖소의 젖을 원료로 만든 것이다. 맛과 향이 순해 우리 입맛에도 잘 맞는다. 샐러드에 넣어 먹거나 야채나 햄과 함께 빵 사이에 끼워 먹기도 한다.
모차렐라 디 부팔라(Mozzarella di bufala)는 물소의 젖으로 만든 것이다. 보통 모차렐라보다 크기가 크고 신맛이 나며 실처럼 찢어진다. 모차렐라는 신선함을 유지하기 위해 치즈를 만들 때 나오는 우유와 함께 포장되어 있다.

● **파르미자노 레자노 (Parmigiano Reggiano)**
파르마와 레죠 에밀리아 주에서 생산되는 이탈리아의 대표적인 치즈로, 방부제를 전혀 사용하지 않는다. 18~36개월간 숙성시킨다. 하드 타입으로 갈아서 요리에 사용하거나 얇게 잘라 점심식사 후에 과일과 함께 곁들여 먹기도 한다.

● **고르곤졸라 (Gorgonzola)**
밀라노 근처에 위치한 고르곤졸라라는 마을의 이름에서 유래된 것이다. 푸른 초록색의 곰팡이가 든 치즈로 두 가지 타입이 있다. 크림 타입은 달콤한 맛이 돌고, 하드 타입은 매운맛이 돈다. 향이 너무 강해 우리 입맛에는 익숙치 않다.

고르곤졸라

● 마스카르포네(Mascarpone)
이탈리아 북부 롬바르디아 주가 원산지인 농축 크림치즈이다. 하얀 크림색을 띠며 티라미수(Tiramisu) 같은 케이크 과자를 만들 때 주로 사용한다. 유지방이 약 47%로 프레시 치즈 중 가장 높다.

● 리코타(Ricotta)
리코타는 '두 번 끓였다'라는 의미로, 치즈를 만들고 남은 우유를 70~80℃로 재가열해서 만들기 때문에 치즈라기보다는 유제품에 가깝다. 유지방이 적고 담백해서 파스타의 소스를 만들 때나 속을 채워 넣는 파스타 요리, 과자나 디저트를 만들 때 주로 사용한다.

● 페코리노 로마노(Pecorino Romano)
라찌오 주와 사르데냐 섬에서 주로 생산되며 양의 젖이 원료이다. 하드 타입으로 흰색과 담황색을 띠는 두 종류가 있다. 짭짤하고 매콤한 맛이 특징이며, 갈아서 요리에 넣거나 잘게 잘라서 샐러드에 넣어 먹는다.

치즈 자르는 법

나이프를 이용하는 방법

끈을 이용하는 방법

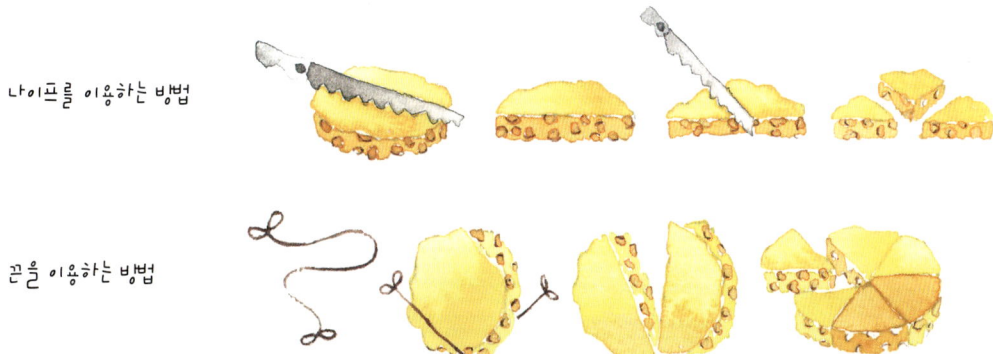

Theme **story**_ 05

토마토소스 이야기

토마토(Pomodoro)는 남미 안데스 고원이 원산지인 일년생 식물로, 비타민과 미네랄이 풍부하다. 토마토가 유럽에 전해진 것은 16세기로, 그 이후부터는 이탈리아 요리에 절대 빠질 수 없는 독보적인 존재가 되었다.

모양과 맛이 다양해서 샐러드에 넣는 토마토가 따로 있고, 소스에 이용하는 토마토가 따로 있다. 보통 긴 모양의 산 마르자노(San Marzano) 종은 씨가 적고 과육이 풍부해서 토마토홀 같은 소스를 만드는 데 이용한다. 아직도 남부 이탈리아의 전통적인 가정에서는 우리가 장을 담그는 것처럼 8월이면 토마토를 수확해 1년 동안 먹을 토마토소스를 준비한다. 이탈리아 국내 토마토 생산의 50% 이상이 소스 등 가공식품에 이용된다. 사용하고 남은 토마토소스는 뚜껑이 있는 병에 옮겨 담고, 위에 올리브오일을 뿌려 놓으면 곰팡이 번식을 막을 수 있다.

1. 토마토를 다듬는다.

2. 토마토를 다진다.

● **토마토홀**(Pomodori pelati 포모도리 펠라티)
긴 모양의 산 마르자노 종 토마토의 껍질을 벗기고 통째로 익힌 후 살균처리하여 캔에 담은 것을 말한다.
토마토는 선명한 붉은색이어야 하고, 검붉은색을 띠면 살균처리 과정이 잘못된 것이다. 노란색 또는 주황색이 보이면 덜 숙성된 상태의 토마토를 익힌 것이다.
토마토는 파스타 요리의 소스, 고기나 생선 요리의 소스, 야채 요리 등 가장 다양하게 이용된다. 특히 라구소스처럼 장시간 조리해야 하는 소스에 적합하다.

함유물 : 껍질 벗긴 토마토, 토마토 과즙

3. 올리브오일에 마늘이 볶아지면 으깬 토마토를 넣고 끓인다.

Point

인스턴트 토마토소스를 좀더 맛있게 먹는 방법
올리브오일을 약간 두르고 소스를 3~4분 정도 데운다. 또는 팬에 올리브오일을 두르고 마늘, 양파, 당근, 올리브 등 좋아하는 재료를 잘게 썰어 넣고 볶은 후 인스턴트 소스를 첨가해 3분 정도 더 볶으면 맛있는 소스가 된다.

4. 뭉근한 불에 끓이다가 다진 바질을 뿌린다.

산 마르자노

방울토마토

토마토

Tomato story

● 토마토펄프(Polpa di pomodoro 폴파 디 포모도로)

토마토를 잘게 썰어 살균처리한 뒤 캔에 담은 것으로, 과육이 많은 것과 과즙이 많은 것 두 종류가 있다. 파스타 요리나 고기, 어패류 요리에 이용하고 브루스께타(바게트 같은 빵 위에 마늘을 문질러 향을 내고 잘게 썬 토마토 등을 얹은 것)를 만들 때도 이용하면 편리하다.

함유물 : **잘게 썬 토마토, 토마토 과즙**

● 토마토퓌레(Passata di pomodoro 파사타 디 포모도로)

토마토를 부드럽게 갈아 살균처리하여 병이나 캔에 담은 것을 말한다. 야채나 육류, 어패류 소스 등 단·장시간 조리해야 하는 소스에 다 어울린다.

함유물 : **토마토, 소금**

● 토마토페이스트(Concentrato di pomodoro 콘첸트라토 디 포모도로)

토마토의 수분은 증발시키고 과육만 농축한 농축액을 말한다. 주로 육류나 어패류 요리에 적합하고, 토마토펄프나 토마토퓌레와 같이 섞어 소스를 만들 때도 이용한다.

함유물 : **토마토 농축액**

● 토마토소스(Sugo di pomodoro 수고 디 포모도로)

토마토에 여러 가지 재료를 첨가하고 양념을 해서 만든 완전 조리 식품으로, 보통 병에 들어 있다. 바질소스, 올리브소스, 라구소스, 버섯소스, 아라비아타소스 등 다양한 종류가 있다. 삶은 파스타와 살짝 볶아 바로 먹을 수 있는 간편한 인스턴트 소스이다.

그 밖에도 이탈리아에는 피자 전문 토마토소스와 우리나라의 방울토마토처럼 생긴 칠리에쟈토마토를 가공한 소스 등이 최근 시판되고 있다.

집에서 간편하게 만들 수 있는 바질 토마토소스

| 재료 | 4인 기준

토마토홀 500g, 마늘 1쪽, 올리브오일 5큰술, 굵게 다진 바질 약간, 소금·후춧가루 약간씩

| 만드는 법 |

냄비에 으깬 토마토홀과 마늘, 올리브오일, 소금, 후춧가루를 넣고 센불에서 소스가 되직해질 때까지 끓인다.
소스가 되직한 상태가 되면 다진 바질을 넣고, 마늘은 건져낸 뒤 불에서 내린다. 삶은 파스타를 접시에 담고 소스를 뿌려 낸다.

05 Cooking * Italian **Pasta**

La grotta di Leo >

Pasta Restaurant 05

La grotta di Leo
라 그로타 디 레오

사자의 동굴이란 뜻처럼 들어가는 입구부터 고대 동굴을 연상시키는 레스토랑이다. 이탈리아인보다는 일본이나 한국 등 관광객들이 주로 가는 곳으로, 주문하기에 편리하도록 그날의 요리들이 진열되어 있어 먹고 싶은 요리를 자유롭게 선택할 수 있다.

via della scala 41/r firenze

*La grotta di Leo

바지락 조개 스파게티

Spaghetti con le vongole 스파게티 콘 레 봉골레

바지락을 이용한 봉골레 스파게티는 해산물 파스타 중 가장 대중적인 요리이다. 담백한 조개 국물의 맛이 우리 입맛에도 살 맞는다.

재료 • 4인 기준

- 스파게티면 320g
- 바지락 500g
- 다진 이탈리안 파슬리 10g
- 마늘 2쪽
- 페페론치노 1개
- 올리브오일 3큰술
- 화이트와인 약간
- 소금, 후춧가루 약간씩

바지락

스파게티면

🫑 만들기

1 재료 손질하기
바지락은 소금물을 바꿔가며 40분 정도 담가 해감을 토하게 한 뒤 깨끗이 씻는다.
마늘은 껍질을 벗기고 적당한 크기로 썬다.

2 팬에 올리브오일을 두르고 마늘을 넣어 살짝 볶는다.

3 마늘의 향이 올리브오일에 배어나면 페페론치노를 넣어 매운맛을 낸다.

4 ❸에 깨끗이 씻어 준비한 바지락을 넣고 뚜껑을 닫는다. 센불에서 입이 벌어질 때까지 3분 정도 익힌다.

5 바지락의 입이 벌어지면 화이트와인을 넣어 잡냄새를 없앤다.

6 다진 이탈리안 파슬리를 넣고 소금, 후춧가루로 간을 한다.

7 ❻에 삶은 스파게티면을 넣고 센불에서 잘 섞는다.

8 완성된 요리를 접시에 담아 낸다.

1. 오일과 마늘 넣고 볶기
2. 바지락 넣기
3. 바지락 넣고 볶기
4. 다진 파슬리 넣기
5. 스파게티면 넣고 볶기

라 그로따 디 레오의 야외 테이블

*La grotta di Leo

베이컨과 화이트와인 파스타

Bucatini all`amatriciana 부카티니 알 아마트리차나

로마에서 먹기 시작해 이탈리아 전역으로 퍼진 요리로, 1960년대 이탈리아인들의 독보적인 사랑을 받은 파스타이다.

재료 • 4인 기준

부카티니면 400g
양파 1/2개
베이컨 160g
토마토펄프 300g
화이트와인 약간
올리브오일 3큰술
파르메산치즈 가루 40g
다진 이탈리안 파슬리 약간
소금, 후춧가루 약간씩

🫑 **만들기**

① **재료 손질하기**
양파는 껍질을 벗기고 얇게 채썬다.
베이컨은 적당한 크기로 썬다.

② 팬에 올리브오일을 두르고 채썬 양파를 넣어 투명하게 볶는다.

③ 베이컨을 넣고 기름이 빠질 정도로 충분히 볶은 뒤 화이트와인을 넣어 잡냄새를 없앤다.

④ ③에 토마토펄프를 넣고 소스가 되직해질 정도로 끓인다.

⑤ 소스가 되직한 상태가 되면 소금, 후춧가루를 넣어 간을 한다.

⑥ 소스에 삶은 부카티니면과 다진 이탈리안 파슬리, 파르메산치즈 가루를 넣고 잘 버무린다.

⑦ 완성된 요리를 접시에 담아 낸다.

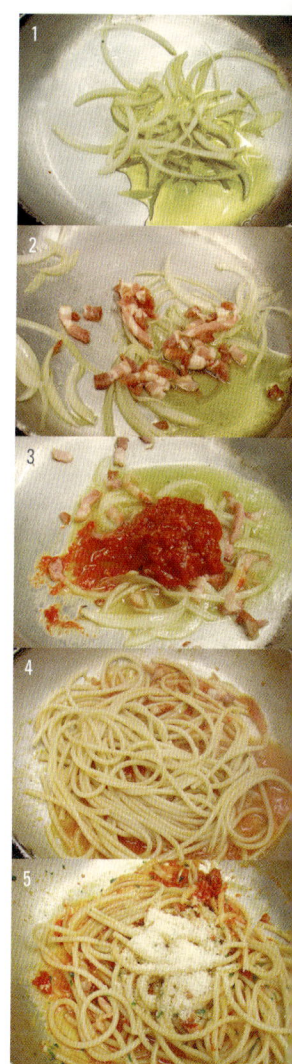

1. 올리브오일을 두르고 양파 볶기
2. 베이컨 넣고 볶기
3. 토마토펄프 넣기
4. 스파게티면 넣고 볶기
5. 파르메산치즈, 파슬리 넣기

* La grotta di Leo

앤초비와 양송이버섯 파스타

Bucatini alle acciughe e funghi 부카티니 알레 아추게 에 풍기

짭짤한 앤초비와 버섯, 토마토, 휘핑크림을 이용한 것으로, 속이 빈 부카티니면에 소스가 골고루 스며든 맛있는 파스타이다.

재료 • 4인 기준

- 부카티니면 400g
- 앤초비 6~7개
- 양송이버섯 300g
- 검은올리브 8~9개
- 마늘 3쪽
- 토마토소스 300g
- 오레가노 가루 약간
- 휘핑크림 1큰술
- 올리브오일 4큰술
- 소금 약간

양송이버섯

오레가노 가루

🍅 만들기

1. **재료 손질하기**
   마늘은 껍질을 벗기고 적당한 크기로 썬다.
   앤초비는 뼈를 제거하고 잘게 썰어 준비한다.
   양송이버섯은 밑동을 잘라낸 후 이등분하여 얇게 썬다.

2. 팬에 올리브오일을 두르고 마늘을 넣어 갈색이 나게 볶는다.

3. 올리브오일에 마늘향이 스며들면 잘게 썬 앤초비를 넣고 살짝 볶아 준다.

4. ❸에 양송이버섯을 넣고 숨이 죽을 정도로만 볶는다.

5. 검은올리브를 넣고 저어가며 볶는다.

6. 토마토소스를 넣고 2~3분간 끓인 후 오레가노 가루를 넣고 중간불에서 소스를 조린다.

7. 소스를 조린 후 소금으로 간한 뒤 휘핑크림 1큰술을 넣고 1~2분 정도 끓인다.

8. ❼에 삶은 부카티니면을 넣고 잘 버무린 후 불에서 내린다.

9. 완성된 요리를 접시에 담아 낸다.

Point

오레가노 (Origano) 가루
오레가노는 항상 마른 가루를 사용하며, 토마토 샐러드나 피자 소스 위에 뿌릴 때 주로 사용한다.

1. 마늘과 앤초비 볶기
2. 양송이버섯 볶기
3. 검은올리브 넣기
4. 토마토소스, 오레가노 넣기
5. 삶은 부카티니면 넣기

* La grotta di Leo

토마토소스, 바질, 아스파라거스 파스타

Fusilli agli asparagi 푸질리 알리 아스파라지

씹을 때의 느낌이 좋고 영양이 풍부한 아스파라거스를 이용한 파스타로, 간편하게 만들어 먹을 수 있다.

재료 • 4인 기준

- 푸질리면 380g
- 아스파라거스 1kg
- 양파 1/2개
- 토마토 2개
- 올리브오일 4큰술
- 바질 5~6잎
- 소금 약간

Point

소금의 양 조절하기
아스파라거스와 푸질리면을 삶을 때 소금을 넣고 삶기 때문에 소스에 소금 간을 할 때는 약간만 넣도록 한다.

산 마르자노 토마토
길쭉한 모양의 산 마르자노 토마토는 과육이 단단해 파스타 요리에 많이 쓰인다. 우리나라에서는 구하기 어려우므로 일반 토마토를 이용해도 된다.

🫑 만들기

1 재료 손질하기
아스파라거스는 깨끗이 씻어 밑동을 자른 뒤 약간의 소금물에 삶아 물기를 뺀다.
양파는 껍질을 벗기고 얇게 채썬다.
토마토는 껍질을 벗기고 적당한 크기로 썬다.
바질은 깨끗이 씻은 뒤 물기를 닦아 준비한다.

2 팬에 올리브오일을 두르고 채썬 양파를 넣어 투명하게 볶는다.

3 삶아 물기를 뺀 아스파라거스를 한입 크기로 자른 뒤 ❷에 넣어 살짝 볶는다.

4 ❸에 썰어 준비한 토마토와 소금을 넣고 3분 정도 저어가며 볶는다.

5 모든 재료의 향이 잘 섞이면 바질잎을 넣고 센 불에서 한번 더 볶는다.

6 완성된 소스에 삶은 푸질리면을 넣고 잘 섞는다.

7 완성된 요리를 접시에 담아 낸다.

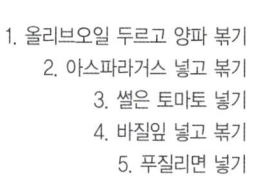

1. 올리브오일 두르고 양파 볶기
2. 아스파라거스 넣고 볶기
3. 썬 토마토 넣기
4. 바질잎 넣고 볶기
5. 푸질리면 넣기

Theme story_ 06
야채 이야기

토마토

포르치니 버섯

피망

펜넬

브로콜리

● **토마토(Pomodoro)**

이탈리아어로 토마토는 '포모도로(Pomodoro)'라고 불리며, 금의 과육이라는 뜻을 담고 있다. 토마토는 이탈리아 요리에서 빠질 수 없는 재료로 토마토소스를 만들 때는 물론이거니와 샐러드, 오븐구이, 파스타의 색깔을 낼 때도 사용된다.

이탈리아의 토마토는 그곳 사람들 만큼이나 다양하다. 모양도 여러 가지이고, 맛도 모두 틀리다. 황소의 심장과 비슷한 모양을 가졌다고 해서 '쿠오레 디 부에(Cuore di bue : 황소의 심장)'라고 불리는 커다란 토마토도 있고, 길쭉한 산 마르자노 토마토는 씨가 적기 때문에 껍질을 벗겨 토마토홀이나 페이스트를 만드는 데 사용한다. 우리나라의 방울토마토와 같은 칠리에자(Ciliegia)는 소스를 짧은 시간에 만들 때 으깨서 사용한다.

● **포르치니(Porcini)버섯**

갈색을 띠고 있는 버섯으로, 이탈리아 요리에 자주 등장하고 있다. 향이 강하고, 쫄깃하게 씹히는 맛이 일품이다. 리조또나 파스타 요리에 주로 사용된다. 보통 얇게 저며 마른 상태로 판매된다.

● **펜넬(Finocchio)**

이탈리아어로 '피노끼오(Finocchio)'라고 불리며, 줄기를 포함해 최소 20cm에서 최고 2m까지 자란다. 뿌리는 둥글고 흰색을 띠며 씹으면 시원하면서 달콤한 향이 난다. 잘라서 그냥 먹거나 정어리 파스타에 넣어 먹는다. 장(腸)의 가스를 제거하는 데도 효과가 있다.

씨는 향신료로 사용하는데 피렌체에는 펜넬의 씨를 넣어 향을 낸 '피노끼오나(Finocchiona)'라는 건조 소시지가 유명하다.

● **피망(Peperone)**

이탈리아어로 '페페로네(Peperone)'라 불린다.

샐러드, 파스타 요리는 물론 속을 채워 오븐에 굽기도 하고, 엑스트라 버진 올리브오일을 뿌려서 그릴에 익혀 먹기도 한다. 식초나 올리브오일에 절임을 한 피망은 차가운 파스타 요리나 전채용으로 사용한다.

● 타르투포(Tartufo)버섯
우리나라의 자연산 송이버섯처럼 귀한 대접을 받는 버섯으로, 땅속에서 구근 형태로 자라며 향이 강하다. 쌀로 만드는 리조또 요리나 파스타 요리에 사용된다. 이 버섯은 씻는 방법도 특이한데, 우선 부드러운 솔로 불순물을 털어 낸다. 물에 씻으면 특유의 향과 맛을 잃기 때문에 요리하기 전 몇 분간 포도주에 담가 놓는다.

● 브로콜리(Broccoli)
영양이 풍부하고 비타민 함량이 많은 채소로, 장미꽃 모양을 고르는 것이 좋다.

● 카르초포(Carciofo)
거친 겉잎은 떼어 내고 어린 속잎만 먹는데, 파스타 요리나 올리브오일에 재워 두었다가 먹는다. 철분 함량이 많다.

● 카볼레티 디 브루셀레스(Cavoletti di Bruxelles)
신선하고 섬세한 맛이 있는 채소로, 수분 함량이 많다. 이탈리안 주파를 만들어 먹기도 하는 시골풍 음식에 아주 잘 어울리는 채소이다.

● 파지올리니(Fagiolini)
영양이 풍부한 파지올리니는 이탈리아 어느 음식에나 잘 어울리는 야채로, 특히 토스카나 전통 음식에 자주 쓰인다.

● 아스파라지 베르디(Asparagi verdi)
얇은 아스파라지가 먹기에 좋다. 끓는 물에 소금을 넣고 삶아 올리브오일을 뿌려 먹어도 맛있다.

● 피셀리 피니시미(Piselli finissimi)
접시에 완성된 음식을 담아낼 때 보기 좋게 장식하는 데에도 사용되며, 부드러운 맛을 지니고 있다.

카르초포

카볼 피오리

파지올리니

아스파라지 베르디

Theme story_ 07
빵 이야기

파네 토스카노

이탈리아 빵은 우리가 즐겨먹는 달콤하고 부드러운 빵이 아니다. 치즈를 발라 먹거나 식사 중 다른 음식과 곁들이기 때문에 일반적으로 짭짤하거나 단단하다.

밀가루와 33%의 물, 0.5~1.5%의 소금, 이스트가 주재료이고, 밀가루 1kg으로 1.25kg의 빵을 만들 수 있다.

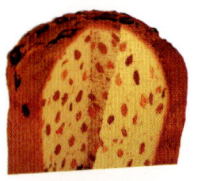
파네토네

● **파네 토스카노(Pane toscano)**
토스카나 주에서 주로 생산되는 소금을 넣지 않은 빵으로, 둥글고 납작하게 생겼다. 짜지 않기 때문에 생햄(Prosciutto crudo)을 끼워 먹으면 맛있다.

● **파네 디 알타무라(Pane di Altamura)**
이탈리아 남부 알타무라의 전통 빵으로, 지금은 전역에 퍼져 즐겨 먹고 있다. 장작에 구운 것이 특징이다. 둥글고 갈색을 띠며 소금을 넣지 않는다. 야채 요리, 시골풍 수프와 잘 어울린다.

판도로

● **코피아 페라레세(Coppia ferrarese)**
꽈배기 두 개를 대각선으로 엮어 놓은 듯한 모양이 특이한 빵으로, 단단해서 과자 같은 느낌이 든다. 엑스트라 버진 올리브오일과 돼지기름을 넣기 때문에 맛이 진하다. 로마냐 주의 페라라가 원산지로 볼로냐와 모데나에서도 즐겨 먹는다.

● **페테 비스코타테(Fette biscottate)**
식빵보다 크기가 약간 작고 두 번 구워서 단단하고 잘 부숴진다. 보통 아침에 꿀이나 과일잼을 발라 먹는데 과자 같은 느낌이 든다.

Bread story

● **그리시노 (Grissino)**

나무젓가락처럼 가늘고 긴 모양의 스낵 같은 빵으로, 맛은 담백하나 칼로리가 100g당 431칼로리로 다른 빵보다 높다.

● **파네토네 (Panettone)**

크리스마스에 먹는 전통 케이크로, 밀라노에서 시작되어 이탈리아 전역으로 퍼졌다. 윗부분이 둥근 지붕 모양을 한 원통 형태이다. 주재료는 밀가루, 버터, 달걀, 설탕이고 건포도나 과일, 초콜릿을 잘게 잘라 넣기도 한다.

● **판도로 (Pandoro)**

베로나 전통의 크리스마스 케이크로, 지금은 전역에 퍼져 즐겨 먹고 있다. 위에서 보면 별 모양의 원추형 케이크이다. 밀가루, 버터, 달걀, 이스트로 만들고, 케이크 위에 슈거파우더를 뿌려 먹는다.

● **콜롬바 (Colomba)**

이탈리아어로 '비둘기' 라는 뜻으로, 평화의 상징인 비둘기 모양의 부활절 전통 케이크이다.

파네토네 케이크에 얽힌 사랑의 이야기

토니(Toni)라는 가난한 청년이 빵집에서 견습공으로 일하고 있었다. 어느 날 그는 주인 딸을 보고 사랑에 빠진다. 그녀에게 선물을 하고 싶었으나 가난한 청년 토니는 그럴만한 돈이 없었다. 사랑의 마음을 전하고 싶었던 그는 고심 끝에 밀가루 반죽에 달걀과 건포도를 넣고 원통 모양의 빵을 만들어 주인 딸에게 선물하였다. 그때부터 이 빵은 '토니의 빵(Pan de Toni)' 이라 불리다가 오늘날의 파네토네(Panettone)로 이름이 바뀌게 되었다.

06 Cooking * Italian Pasta

La Dantesca >

Pasta Restaurant 06

Il Latini
일 라티니

주인아저씨와 손님들이 모두 함께 어울리는 분위기가 아주 인상적인 곳이다.
일 라티니는 1900년대 초에 피렌체의 지식인과 문인들이 모여 커피를 마시며 인생과 문학을 논하던 장소로 시작되었다. 그 후 1950년 나르치조 라티니(Narciso Latini) 씨에 의해 새롭게 문을 열면서 그의 부인이 토스카나의 전통 향신료와 신선한 재료를 사용한 가정식 요리를 선보였다. 간단하면서도 자연 그대로의 맛인 정통 토스카나 맛을 잃지 않기 위해 아직까지 처음 그대로의 요리법과 재료를 사용하고 있다.
매년 '라티니 친구들의 상'을 제정하여 말이 달라도 테이블에 앉기만 하면 금새 서로가 친근한 사이가 되어 오래된 정통 토스카나 음식의 맛도 즐기고 문화도 교류할 수 있게 되었다.

Via dei Palchetti 6r

*Il Latini

시금치와 리코타치즈 파스타

Ravioli di spinaci con ricotta 라비올리 디 스피나치 콘 리코타

유지방이 적고 담백한 리코타치즈와 잘 어울리는 시금치로 속을 채운 라비올리 요리이다. 리코타란 '두 번 가열했다'는 뜻이다.

재료 • 4인 기준

반죽 : 밀가루 300g
　　　달걀 3개
　　　소금 약간
속 : 리코타치즈 300g
　　 시금치 200g
　　 파르메산치즈 가루 50g
　　 너트맥 약간
　　 소금 약간
소스 : 토마토소스

일 라티니에서 사용하는 올리브오일

일 라티니의 주방

만들기

① 반죽하기
밀가루에 소금을 넣고 잘 섞는다. 밀가루를 소복이 쌓고 가운데 달걀을 깨서 넣는다. 15분 정도 손으로 치대어 반죽한다.

② 속 만들기
시금치는 끓는 물에 살짝 데친 후 물기를 꼭 짜고 아주 잘게 다진다.
볼에 다진 시금치와 리코타치즈, 파르메산치즈 가루, 소금, 너트맥을 넣고 잘 섞는다.

③ 반죽을 둥글게 만들어 살짝 누른 후 밀대로 얇게 밀어 준비한 후 속을 넣은 다음, 지름 5cm 크기로 네모나게 자른다. 속을 넣고, 속이 나오지 않게 라비올리 커터로 자른다.
완성된 라비올리를 상온에서 1시간 정도 둔다.

④ 끓는 물에 소금을 넣고 라비올리를 넣어 5분 정도 삶는다. 익으면 체에 밭쳐 물기를 뺀다.

⑤ 접시에 삶은 라비올리를 담고 토마토소스를 얹어 낸다.

1. 올리브오일에 마늘 볶기
2. 토마토 다지기
3. 토마토홀 넣기
4. 라비올리 삶아 내기
5. 접시에 담아 내기

* Il Latini

각종 야채가 들어간 주파 (수프)

Ribollita 리볼리타

리볼리타는 이탈리아어로 '다시 끓이다' 라는 의미로, 토스카나의 전통적인 겨울 음식이다. 이 음식의 특징은 콩과 여러 가지 야채, 빵을 넣고 끓여 식힌 후 다시 데워 먹는 것이다. 완성된 요리에 엑스트라 버진 올리브오일을 뿌려 먹는다.

달지 않고 단단한 빵

 만들기

① 재료 손질하기
　마른 콩은 소금물에 12시간 정도 담가 불린 후 약한불에서 천천히 삶는다. 절대로 끓이면 안 된다. 삶은 콩의 반은 그릇에 담아 준비하고, 나머지 반은 믹서에 갈아 준비한다.
　베이컨과 양파, 마늘은 잘게 썬다.
　근대와 카볼로 네로(Cavolo nero)는 한입 크기로 길게 썬다.
　셀러리와 감자는 작게 썰고, 당근은 얇게 썬다.

② 냄비에 올리브오일을 두르고 잘게 썬 베이컨과 양파, 마늘을 넣어 살짝 볶는다.

③ ②의 재료가 익기 시작하면 준비한 근대와 카볼로 네로, 셀러리, 감자, 당근을 넣는다. 야채의 숨이 죽기 시작하면 재료를 충분히 덮을 정도의 소금물을 붓고 끓인다.

④ 감자가 너무 익어 부서지지 않을 정도까지만 끓이다가 준비한 콩(반은 그대로, 반은 믹서에 간 것)을 넣는다. 오레가노를 넣고 재료가 잘 섞이도록 저으면서 맛이 배도록 30분 정도 더 끓인다.

⑤ 빵을 잘라서 ④에 넣고 불에서 내린 후 몇 분간 그대로 둔다.

⑥ 완성된 요리를 그릇에 담고 파르메산치즈 가루와 엑스트라 버진 올리브오일을 뿌려 낸다.

⑦ 다음 날 다시 먹을 때는 엑스트라 버진 올리브오일 2~3큰술과 후춧가루, 얇게 채썬 양파를 넣고 잘 저어가며 데운 후 올리브오일을 살짝 뿌려 먹는다.

재료 • 4인 기준

콩(칸넬리니 세끼) 400g
근대 300g
카볼로 네로 잎 250g
셀러리 1줄기
감자 300g
당근 300g
양파 1개
마늘 3쪽
오레가노 가루 약간
베이컨 50g
빵(달지 않고 단단한것) 1kg
파르메산치즈 가루 약간
엑스트라 버진 올리브오일 약간
소금, 후춧가루 약간씩
얇게 채썬 양파(다시 데울 때 사용)

카볼로 네로 (Cavolo nero)
검은 배추라는 뜻이다. 카볼로 네로가 없는 경우에는 우리나라의 배추를 이용해도 된다.

직접 서빙하는 주인

Theme story_ 08
햄 이야기

프로슈토 크루도(Prosciutto crudo : 생햄)

돈육 제품 중 이탈리아 사람들의 사랑을 가장 많이 받는 것이 프로슈토 크루도이다.

프로슈토 크루도는 돼지의 넙적다리를 소금에 절여 따뜻한 곳에서 건조시킨 뒤 다시 3개월 동안 자연 숙성시킨 생햄으로 8단계의 과정을 거쳐 생산된다.

숙성 과정뿐만 아니라 돼지의 선택법도 까다로운데, 넙적다리는 12~15kg이어야 최상급으로 치고, 살은 선명한 붉은색이어야 한다. 살 둘레에 지방이 적당히 붙어 있어야 하는데, 숙성 과정 중 육즙과 향이 빠져나가는 걸 막아 주는 역할을 하기 때문이다.

프로슈토 크루도

● 프로슈토 디 토스카나(Prosciutto di Toscana)

토스카나 주의 대표적인 생햄이다. 돼지의 넙적다리를 소금과 후추, 허브, 향신료로 덮어서 숙성시킨 햄으로 맛과 향이 일품이다. 두껍게 잘라 토스카나 빵에 끼워 먹으면 맛있다.

프로슈토 디 파르마

● 프로슈토 디 파르마(Prosciutto di Parma)

파르마에서 생산되며 소·돼지의 넙적다리를 닭다리 형태로 잡아 숙성시킨다. 다른 양념 없이 소금에만 절인다. 무게에 따라 10~12개월 동안 숙성시킨다. 많이 짜지 않기 때문에 그냥 먹거나 파스타의 속재료로 사용된다.

● 프로슈토 디 산 다니엘레(Prosciutto di San Daniele)

이탈리아 북부 프리울리 주의 산 다니엘레에서 생산되는 생햄이다. 파르마산보다 숙성 기간이 더 길기 때문에 약간 단단한 느낌이 든다. 얇게 저며서 멜론이나 무화과, 포도와 같이 전채요리로 먹는다.

살라메

살시챠 소시지

Ham
story

프로슈토 코토(Prosciutto cotto : 익힌햄)
돼지의 넙적다리 뼈를 제거하고 소금에 절인 뒤 압력을 가해 익힌 햄이다.

● **모르타델라 볼로냐(Mortadella Bologna)**
중·북부지방에서 주로 생산되며 원통 모양으로 중량도 다양하다. 돼지기름이 점점이 박혀 있는 것이 특징이며 향신료를 넣은 것도 있다. 빵에 끼워 먹거나 파스타의 속재료로 이용된다. 프로슈토 크루도에 비해 가격이 저렴하다.

살라메(Salame : 이탈리아 건조 소시지)
갈은 돼지고기나 소고기를 소금, 후추, 향신료 등으로 양념한 뒤 돼지창자(또는 인조창자)에 넣고 자연 건조, 숙성시킨 이탈리아 소시지이다.

● **피노끼오나(Finocchiona)**
토스카나 주의 전통적인 살라메로 펜넬의 씨를 향신료로 넣어 향이 좋다.

● **살라메 나폴레타노(Salame napoletano)**
깜빠냐 주의 전통 살라메로 이탈리아 남부에서 주로 생산된다. 후추와 고추가 많이 들어 있어 매운맛이 난다.

● **살라메 디 밀라노(Salame di Milano)**
가장 많이 알려진 살라메 중의 하나로 숙성 기간이 다른 것에 비해 길다. 돼지고기와 소고기를 곱게 갈아 만든다. 무게가 3~4kg이나 된다.

판체타(Pancetta : 훈제햄)
돼지 복부의 살과 지방이 있는 부분을 소금으로 간한 뒤 둥글게 말거나 잘라서 훈제한 것을 말한다. 부드러운 정도와 지방의 분포에 따라 품질이 달라진다. 카르보나라와 같은 파스타 요리에 많이 사용한다.

Theme story_ 09

커피 이야기

이탈리아 커피 광고에 '매순간이 적절하다'라는 문구가 있다. 커피를 마시고 싶을 때가 커피를 마시기에 가장 적절하다는 말이다.

이탈리아에서 커피(Caffe')는 곧 에스프레소(Espresso)를 뜻한다. 아침에 눈을 뜨면서 에스프레소 한 잔, 점심식사 후의 포만감을 줄이기 위해서 한 잔, 그리고 저녁식사 후에 일을 해야 하는 사람들은 또 한 잔. 이탈리아 사람들의 삶은 에스프레소와 뗄레야 뗄 수 없는 관계에 있다.

이탈리아식으로 맛있는 에스프레소 끓이기

1. 아래쪽 포트 안에 있는 안전밸브 선 아래까지 찬물을 붓는다.
2. 깔때기에 커피 가루를 가득 채운다(커피 가루를 꾹꾹 눌러 넣으면 쓴맛이 나므로 절대 눌러 넣지 않는다).
3. 금속 필터판과 고무링이 제자리에 있는지 확인한다.
4. 위, 아래 포트를 돌려서 단단히 조인다.
5. 약한불에서 천천히 끓인다.
6. 보글보글 끓는 소리와 함께 아래쪽 포트 안의 물이 깔때기를 통과하며 위쪽 포트 안에 커피를 분출한다.
7. 커피가 위쪽 포트로 모두 통과했는지 알아보기 위해서 살며시 뚜껑을 열어 본다.
8. 불을 끄고, 위 포트 안에 고인 커피를 티스푼으로 한 번 저어 준다(먼저 올라온 커피는 진하고 마지막에 올라온 커피는 연하기 때문에 섞어 준다).
9. 에스프레소 잔에 커피를 따르고, 끓었을 때 바로 마신다.

● 에스프레소 메이커

300~500년 된 무거운 철제의자와 테이블이 아직도 클래식한 분위기를 더하는 곳이다.

어디에나 있는 일반적인 바

맛있는 에스프레소 구별법

1. 색깔이 붉은 줄무늬가 도는 갈색을 띠는 것
2. 적당히 농도가 짙은 것
3. 커피의 향이 오래 지속되는 것
4. 크림 타입의 잔거품이 그대로 형태를 유지하는 것

Point

1. 쓴맛이 나거나 커피 향이 오래 지속되지 않는 것, 너무 묽어서 큰 거품이 뜨는 것, 너무 진해서 검은색 거품이 뜨는 것은 맛있는 에스프레소가 아니다.
2. 맛있는 에스프레소를 끓이기 위해서는 에스프레소용 이탈리아 커피와 에스프레소 메이커가 필요하다. 에스프레소 메이커는 순간적인 압력과 증기를 이용해 커피를 분출시키기 때문이다.

이탈리아 사람들은 아침 출근길이나 식사후 간단히 커피를 마실 때는 분위기 있는 좋은 카페를 찾는다.

Coffee story

● 카페에서 즐길 수 있는 다양한 커피의 종류

에스프레소
Espresso

커피 원두를 순간적으로 추출하여 커피가 가진 진한 맛을 내는 커피

카페라떼
Caffe' latte

에스프레소 커피에다 스팀으로 데워진 우유를 넣은 커피

카푸치노
Cappuccino

에스프레소에 거품을 낸 뜨거운 우유를 섞은 커피

카페 리스트레토
Caffe' ristretto

에스프레소보다 커피 농도가 훨씬 더 진한 커피

카페 코레토
Caffe' corretto

에스프레소에 알코올을 약간 넣은 커피

에스프레시노
Espressino

에스프레소에 우유 몇 방울을 넣고 카카오 가루를 뿌린 커피

07 Cooking * Italian Pasta

< Cibreo

Pasta Restaurant 07

Cibreo
치브레오

8개의 바질 잎마다 각각 다른 맛이 있다는 피끼 씨는 전통 그대로의 토스카나 음식을 살리기 위해 오래된 고서에서 어머니의 어머니들이 사용했던 요리법을 개발해 내고 있다.

7살 때부터 40여 년 동안 요리하기를 즐겨온 그는 항상 집에서 맛있는 음식을 먹고 그 맛에 대해 얘기하고, 1주일에 한 번씩은 맛을 찾아 온 가족이 전통 레스토랑 방문하기를 즐겼던 그의 아버지 때문에 지금의 자리까지 왔다고 말한다.

서로 마주보는 눈빛과 제스처만 보아도 무엇이 필요한지를 아는 그의 주방은 4명의 메인 요리사와 3명의 보조 요리사가 아무런 말도 없이 아침부터 매우 분주하게 움직이고 있었다.

그를 방문했던 아침 11시는 요리사들이 만든 기본 소스와 하루의 예약 음식에 대한 준비 재료들을 일일이 맛보면서 보태고 빼야할 것들을 점검하는 그의 하루 중 가장 중요한 시간이다.

세계적인 추세인 패스트푸드점보다는 특별한 맛을 찾을 줄 아는 사람들을 위한 그의 레스토랑에서는 정말 특이하고도 전통적인 토스카나의 음식들을 만나볼 수 있다.

준비 과정에서부터 세심하게 요리의 재료와 완성된 요리를 손수 체크하는 그는 보기에도 정말 자부심 강한 마에스트로이다.

Via Andrea verrocchio 8/r firenze

* Cibreo

적포도주와 설탕에 조린 배

Pere cotte nel vino con lo zucchero 페레 코테 넬 비노 콘 로 주께로

배(pere)를 포도주, 설탕과 함께 오븐에 구워 배의 모양이 그대로 살아 있는, 보기에도 너무나 예쁜 이 작품은 파비오 피끼 씨의 창작 돌체이다.

1. 기본 재료 준비하기
2. 적포도주와 시럽 넣기
3. 완성된 요리 장식하기
4. 완성된 요리 테이블 세팅

kaiser 배

재료 • 4인 기준

작은 kaiser 배 4개
적포도주 0.5리터
설탕 150g

 만들기

① 재료 준비하기
배는 깨끗이 씻은 후 물기를 제거하고 오븐용 그릇에 모양 그대로 담아 둔다.

② 0.5리터의 적포도주를 옆과 위, 아래 골고루 배 위에 흩뿌리듯이 붓는다.

③ 준비한 150g의 설탕을 ②에 골고루 천천히 흩뿌린다.

④ ③을 160℃의 오븐에 30분 정도 구워 낸다.

⑤ 오븐에서 꺼낸 후 알루미늄 은박지에 구워 낸 배를 모양이 일그러지지 않도록 싼다 (센불에 올렸을 때 열기로 인해 배의 모양이 일그러지지 않도록 하기 위해).

⑥ 은박지에 싼 ⑤를 센불에 5분 정도 그대로 올려놓는다.

⑦ 포도주의 붉은색과 설탕이 시럽처럼 녹으면서 반짝반짝 빛나게 되면 접시에 담고, 배 위에 남은 시럽을 끼얹어 낸다.

재료를 준비하는 파비오 피끼 씨

치브레오의 실내 전경

* Cibreo

트리파를 이용한 샐러드

Insalata di trippa 인살라타 디 트리파

트리파(소의 위)에 각종 양념을 곁들인 요리로, 대대로 내려오는 토스카나 지방의 전통 요리이다.

재료 • 4인 기준

- 삶은 소의 위(trippa) 400g
- 작은 양파 1개
- 셀러리 속잎 1/2개
- 당근 1개
- 적포도주 식초 3큰술
- 엑스트라 버진 올리브오일 약간
- 다진 이탈리안 파슬리 약간
- 다진 마늘 4쪽
- 소금, 후춧가루 약간씩
- 페페론치노 고추 약간

재료를 준비하는 파비오 피끼 씨

저자와 파비오 피끼 씨

🫑 만들기

❶ **재료 준비하기**
 시중에서 파는 소의 위(trippa)를 깨끗이 씻은 다음 삶아 냄새를 없앤 후 길쭉하게 자른다.
 양파, 셀러리, 당근, 마늘은 깨끗이 씻은 다음 물기를 제거한 후 아주 잘게 저민다.

❷ 볼에 잘게 다진 ❶의 재료를 넣고, 적포도주 식초, 올리브오일, 다진 파슬리, 소금, 후춧가루, 다진 페페론치노 고추를 넣고 잘 섞는다.

❸ 그릇에 길게 썬 트리파를 놓고 ❷의 양념한 소스를 조금만 끼얹는다.

❹ 완성된 요리를 접시에 담아 낸다.

Point

인살라타(insalata)는 샐러드를 뜻하는 것으로 차갑게 해서 먹는 요리이다. 만드는 법에 따라 토마토소스를 곁들이기도 한다. 인살라타를 만들어 빵과 함께 먹으면 맛있다.

1. 트리파(소의 위) 손질하기
2. 트리파 썰기
3. 기본 양념 준비하기
4. 전체 재료 준비하기
5. 그릇에 담아 내기

*Cibreo

오징어 주파

Calamarini in inzimino 칼라마리니 인 인지미노

손쉽게 구할 수 있는 신선한 오징어를 이탈리안식으로 요리한 것으로, 기호에 따라 페페론치노 가루를 듬뿍 넣어 아주 맵게 먹기도 한다. 오징어와 야채를 뭉근히 끓인 후 먹기 직전에 오징어와 야채를 분리해서 담아 낸다.

재료 • 4인 기준

오징어 250g
시금치 200g
붉은 양파(중간 크기) 1개
당근(작은 크기) 1개
다진 마늘 1티스푼
셀러리 1/2개
적포도주 1작은컵
토마토(다진 것) 50g
엑스트라 버진 올리브오일 1작은컵
페페론치노(다진 것) 약간

만들기

① **재료 손질하기**
오징어는 깨끗이 씻은 후 길쭉하게 자른다.
양파, 셀러리, 당근은 잘게 다져 놓는다.

② 잘게 다진 양파, 셀러리, 당근은 재료가 충분히 들어갈 만한 넓은 팬에 넣고 갈색이 날 때까지 볶는다.

③ ②의 재료에 마늘, 소금, 후춧가루, 페페론치노 다진 것으로 간을 한다.

④ 재료들이 볶아지면 시금치를 넣고 무거운 뚜껑으로 닫아 김이 새지 않게 한다.

⑤ 약한불에서 2시간 정도 천천히 익힌다.

⑥ 뚜껑을 열고 ⑤의 재료가 잘 섞이도록 저어 준 후 중간불에서 40분 정도 다시 한번 충분히 익힌다.

⑦ 완성된 요리를 접시에 담아 낸다.

당근 오징어

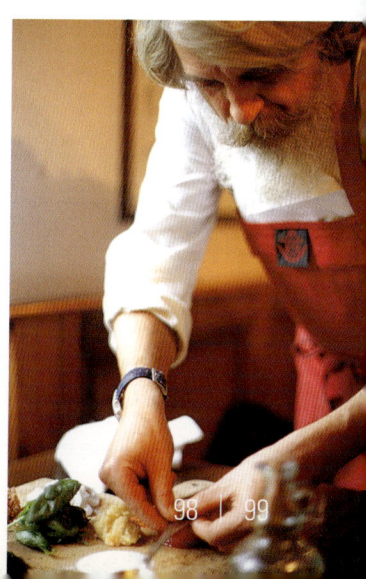
열심히 요리하고 있는 파비오 피끼 씨

* Cibreo

흰 참치살과 야채 주파

Minestrone all`elbana 미네스트로네 알 엘바나

파지올리니(fagiolini) 콩이 들어가는 미네스트로네는 특히 토스카나 지방에서 즐겨 먹는다. 생선의 비린맛 대신 오레가노와 피노끼오씨의 톡특한 향이 나도록 요리한다.

재료 • 4인 기준

흰살 참치 300g
시금치 100g
감자 1개
당근 1개
셀러리 1/2개
포리(porri) 1개
파지올리니(fagiolini) 콩 50g
다진 바질잎 약간
오레가노 가루 약간
피노끼오씨(다진것) 약간
소금, 후춧가루 약간씩
페페론치노 가루 약간
올리브오일 3큰술
물 약간

 만들기

① **재료 손질하기**
흰살 참치는 손질한 후 적당한 크기로 자른다.
시금치, 포리(porri), 파지올리니(fagiolini) 콩, 감자는 씻은 후 잘게 썬다.
당근, 셀러리, 양파는 잘게 다진다.

② 다져 놓은 당근, 셀러리, 양파에 올리브오일을 넣고 잘 저어가며 갈색이 날 때까지 볶아 준비한다.

③ 재료가 볶아지면 잘라 놓은 흰 참치와 시금치, 포리, 파지올리니 콩, 감자 썬 것을 넣고 물을 약간 넣는다.

④ ③의 재료에 오레가노 가루, 피노끼오씨 다진 것, 후춧가루, 소금, 페페론치노 가루, 바질잎으로 양념한 후 모든 재료가 충분히 익을 때까지 끓인다.

Point

펜넬
이탈리아어로 '피노끼오(Finocchio)'라고 불리며, 뿌리는 둥글고 흰색을 띠며 씹으면 시원하면서 달콤한 향이 난다.
씨는 향신료로 사용하는데 피렌체에는 펜넬의 씨를 넣어 향을 낸 '피노끼오나(Finocchiona)'라는 건조소시지가 유명하다.

오레가노 가루

피노끼오씨

포리(porri)

식사를 하기 전에 기분과 입맛을 좋게 하기 위해 마시는 빈 산토(vin santo) 종류

피끼 씨가 준비한 기본 재료들

Theme story_ 10
아이스크림 이야기

여름이 되면 아이스크림을 손에 들고 어린아이처럼 맛있게 먹는 어른들을 거리에서 자주 만나보게 된다. 이탈리아 아이스크림은 거리에서 먹어도 창피하지 않을 만큼 맛있다. 대량 생산되는 것도 맛있고, 몇 대에 걸쳐 가업으로 내려오는 아이스크림 가게의 것은 말할 필요도 없다.

셔벗은 아랍어 'sharbat'에서 왔는데 '시원한 음료수'라는 뜻이다. 이탈리아 최초의 셔벗은 시칠리아 섬의 에트나 산과 나폴리 베수비오 산의 눈으로 만들어졌다고 한다.

피렌체에는 아이스크림 탄생에 관한 두 가지 이야기가 전해 내려온다.

● 첫 번째 이야기

피렌체에 부온딸렌띠라는 유능한 화학자가 있었다. 1565년 어느 날, 피렌체 공작이 스페인 사절단을 맞이해야 했다. 파티 준비의 책임을 진 부온딸렌띠는 여러 가지 음식을 준비했는데, 그 중에 그의 화학적 지식으로 탄생한 아이스크림(오늘날의 얼음과 비슷)도 있었다. 그가 만든 아이스크림은 너무 부드러워 거의 액체 상태와 비슷했으나 어쨌든 대성공을 거뒀다.

● 두 번째 이야기

루제리라는 농부가 요리경연대회에 참가했다. 달걀과 설탕, 생크림, 과일을 함께 얼려 먹는 새로운 요리법을 선보인 그는 파리로 진출해서 명성과 부를 누렸다고 전해진다.

Ice Cream

story

Theme story_ 11
토스카나 이야기

　　장화 모양으로 생겨서 유명한 이탈리아, 피자와 스파게티 같은 음식으로 우리와 친근한 곳이다. 이탈리아는 총 20개의 주로 구성된 반도 국가이다.

　　이탈리아 중부에 위치한 토스카나 주는 예로부터 문화와 예술의 도시로 명성을 떨쳐 왔다. 이탈리아 문학사의 최고봉인 단테를 비롯해 페트라르카와 보카치오 같은 위대한 문학가를 배출한 곳이자 현대 이탈리아어의 고향이기도 하다. 토스카나는 유럽 문화 발전에도 많은 기여를 했는데, 1300~1500년대의 인문주의와 르네상스는 당시의 유럽 문화를 새로 창출할 만큼 위력이 대단했다.

　　토스카나 주의 주도는 피렌체(Firenze), 기원전 1세기에 이곳에 정착한 고대 로마인들이 '플로렌티아(Florentia : '꽃' 이라는 의미)' 라고 부른데서 이름이 유래되었다.

　　1200년대부터 예술과 문화, 국제교역이 활발하게 이루어졌고, 1400년대 코지모, 로렌쪼 데 메디치 시대에 정점에 달한다. 시내 중심부 전체가 유네스코가 정한 세계 문화 유산일 정도로 역사가 고스란히 배어 있는 건물들과 조각상, 박물관은 피렌체의 찬란했던 과거를 보여주기에 부족함이 없다. 우리에게 잘 알려진 레오나르도 다 빈치, 미켈란젤로, 브루넬레스키의 걸작을 쉽게 만날 수 있는 곳도 피렌체이다.

피렌체(Firenze)
단테와 조토의 출생지이며 부유한 상업도시였던 피렌체. 15세기 초에 미술가들이 계획적으로 새로운 미술을 창조하여 과거의 미술 개념에서 탈피, 원주와 벽기둥, 아치를 결합했던 경쾌하고 우아한 그 당시의 건물들이 곳곳에 남아 있다.

시에나 깜뽀 광장

Toscana

story

피렌체와 더불어 토스카나를 대표하는 도시는 시에나. 일년에 두 번 열리는 '팔리오(Palio)' 라는 전통 말 경기를 보기 위해 세계 각처에서 온 관광객들이 여름의 깜뽀 광장을 가득 채운다. 시에나 근교 지방에서 생산되는 포도주 '키안티'와 '브루넬로' 는 각국에 수출되어 세계인의 입을 즐겁게 해 주고 있다.

또한 피사의 사탑으로 유명한 피사, 대리석으로 유명한 까라라, 로베르또 베니니의 영화 '인생은 아름다워' 의 무대가 된 아름다운 도시 아레쪼는 예술과 초록의 자연 경관이 어우러져 토스카나를 더욱 빛나게 하고 있다.

폰테 베끼오 (Ponte vecchio)
단테의 베아뜨리체에 대한 사랑의 마음이 보석처럼 빛나서일까? 아니면 정말 보석가게가 즐비해서인가? 밤에 아르노 강가에서 바라본 베끼오 다리는 항상 보석처럼 빛난다.

피에졸레 (Fiesole)
도미니크 수도회의 수사였고 수태고지의 작가로 유명한 프라 안젤리코(Fra Angelico)의 고향으로, 단테 신곡의 배경이 되었던 곳이다.

08 Cooking * Italian Pasta

La mamma gina >

Pasta Restaurant 08

La mamma gina
라 맘마 지나

지나 엄마란 말처럼 어머니의 오랜 손맛이 있는 레스토랑이다. 오래 전부터 대대로 내려오는 가정 요리법을 사용해 다른 곳에서는 맛볼 수 없는 이 집만의 독특한 맛이 이들 이탈리안들에게는 아주 친숙한 것 같다. 점심부터 주위의 단골 손님들이 가득 몰려와 분주한 레스토랑으로, 피렌체의 베끼오 다리 근처에 있다.

Borgo sant jacopo 37 firenze

* La mamma gina

토마토소스에 조린 고기 파스타

Tagliatelle fresche alla bolognese 탈리아텔레 프레스케 알라 볼로네제

갈은 고기와 토마토소스를 뭉근한 불에 오랫동안 끓여 만든 소스를 이용한 요리로, 소스의 깊은 맛이 느껴지는 파스타이다.

재료 • 4인 기준

- 탈리아텔레면 350g
- 갈은 돼지고기 500g
- 양파 1개
- 당근 1개
- 셀러리 1줄기
- 마늘 1쪽
- 적포도주 1/2컵
- 토마토퓌레 약간
- 올리브오일 3큰술
- 로즈마리노, 세이지잎, 월계수잎 약간씩
- 소금, 후춧가루 약간씩

Point

로즈마리노(Rosmarino) : 로즈메리
라틴어로 '바다의 이슬'이라는 뜻이다. 키가 180cm까지 자랄 수 있으며, 지중해 지역에 많이 분포한다. 로즈메리는 고기를 구울 때나 어패류의 잡냄새를 제거하기 위해 주로 사용한다.

🫑 만들기

❶ 재료 준비하기
양파, 당근, 셀러리, 마늘은 씻은 후 잘게 다진다.
돼지고기는 살부분으로 갈아 놓는다.

❷ 소스 만들기
재료가 충분히 담길 정도의 큰 팬에 올리브오일을 넣고 다져 놓은 ❶의 야채를 살짝 볶다가 갈은 돼지고기를 넣고 다시 한번 볶는다.
어느 정도 재료가 볶아지면 로즈마리노와 세이지잎, 월계수잎을 넣고 10분 정도 더 볶은 다음, 적포도주 1/2컵 정도와 토마토퓌레를 넣고 물이나 육수로 농도를 맞추며 30~40분 정도 충분히 익힌다.
소금, 후춧가루로 간을 하며 익힌다.

❸ 팬에 미리 준비해 놓은 ❷의 소스를 넣고 1분 정도 익힌다.

❹ 삶아 놓은 탈리아텔레면을 넣고 골고루 저어가며 볶아 준다.

❺ 완성된 요리를 접시에 담아 낸다.

1. 준비해 둔 소스 팬에 넣기
2. 탈리아텔레면 삶기
3. 소스에 삶은 면 넣기
4. 면 넣고 볶기
5. 접시에 담아 내기

지하 포도주 창고

* La mamma gina

화이트소스와 모차렐라치즈 파스타

Panzerotti mamma gina 판제로티 맘마 지나

달걀지단처럼 만든 시트에 화이트 크림소스, 햄, 모차렐라치즈, 파르메산치즈로 만든 속을 채워 오븐에 구워낸 판제로티(Panzerotti)는 맘마 지나에서 개발한 요리이다.

재료 • 4인 기준

- 시트 : 밀가루 200g
  - 달걀 3개
  - 우유 약간
  - 소금 약간
- 화이트 크림소스 : 버터 30g
  - 밀가루 30g
  - 우유 1/3리터
  - 소금, 후춧가루 약간씩
- 속 : 햄 50g
  - 모차렐라치즈 100g
  - 파르메산치즈 가루 100g

만들기

① 시트 만들기 : 밀가루, 달걀, 소금을 넣고 우유로 농도를 맞추며 잘 섞은 후 사각진 오븐용 그릇에 두께 2mm로 깐 후 2분 정도 오븐에서 달걀지단처럼 구워 낸다 (팬에 얇게 달걀지단처럼 부쳐도 된다).

② 화이트 크림소스 만들기 : 냄비에 버터를 넣고 녹인다. 녹인 버터에 밀가루를 넣고 나무주걱으로 저으며 약한불에서 노릇하게 볶는다. 우유를 넣고, 소금, 후춧가루로 간을 한 후 중간불에서 잘 저으며 10분 정도 조린다.

③ 속 만들기 : 준비한 화이트소스에 햄 50g, 모차렐라치즈 100g, 파르메산치즈 가루 100g을 넣고 우유로 걸쭉하게 농도를 맞춰 가며 섞는다.

④ 속 채우기 : 준비한 시트를 한 장 깔고 ③의 속을 주머니에 넣어 크림을 짜듯이 채운 후 둘둘 말아 적당한 크기로 자른다.

⑤ 오븐에 굽기 : 오븐용 그릇에 버터를 바른 후 토마토소스를 잘라 놓은 판제로티(Panzerotti)의 위와 아래에 한겹 깐 후 그 위에 오레가노 약간, 잘게 썬 모차렐라치즈를 깐다. 파르메산치즈 가루를 뿌려 230℃의 오븐에 5분 정도 구워 낸다.

1. 시트 만들기
2. 속을 채우기
3. 둘둘 말아 판제로티 만들기
4. 토마토소스와 오레가노 얹기
5. 오븐에 굽기

라 맘마 지나의 메인 요리사

*La mamma gina

토마토소스와 시금치 뇨끼
Gnocchi verdi al pomodoro e basilico   뇨끼 베르디 알 뽀모도로 에 바실리코

간단한 토마토소스와 신선한 바질만을 이용하여, 시금치를 넣은 뇨끼의 맛이 그대로 살아 있게 만드는 것이 비법이다.

재료 • 4인 기준

- 뇨끼 350g
- 토마토소스 200g
- 버터 50g
- 바질 약간
- 올리브오일 3큰술
- 소금, 후춧가루 약간씩

🫑 만들기

1 재료 손질하기
바질잎은 깨끗이 씻은 후 부드러운 천으로 물기를 닦아 준다.

2 팬에 올리브오일을 두른 후 토마토소스를 넣고 뭉근히 끓인다.

3 2에 버터를 넣고 버터가 녹기 시작하면 삶아놓은 뇨끼를 넣는다.

4 뇨끼를 넣고 볶다가 잘라 놓은 생 바질잎과 파르메산치즈 가루를 넣는다.

5 소금과 흰 후춧가루로 간을 한다.

6 완성된 요리를 접시에 담아 낸다.

1. 토마토소스 끓이고, 버터 넣기
2. 삶은 뇨끼 넣기
3. 바질잎 넣기
4. 파르메산치즈 가루 넣기
5. 접시에 담아 내기

Point

시금치 뇨끼(Gnocchi) 만드는 법

재료 : 감자(큰것) 2개, 밀가루 80g, 리코타치즈 50g, 삶은 시금치 150g, 파르메산치즈 가루 약간, 달걀 1개, 소금·후춧가루 약간

1. 냄비에 충분한 양의 물을 붓고 깨끗이 씻은 감자를 넣어 삶는다.
2. 삶은 감자는 껍질을 벗긴 후 잘게 으깨거나 다진다.
3. 으깬 감자를 소복하게 쌓아 가운데 달걀을 깨뜨려 넣고, 밀가루, 리코타치즈, 삶은 시금치, 파르메산치즈, 후춧가루, 소금을 넣어 간을 한다. 잘 치대가며 반죽한다.
4. 반죽을 손으로 길게 밀어 3cm 길이로 썬 후 포크로 찍어 모양을 낸다.
5. 끓는 물에 올리브오일을 약간 넣고 뇨끼를 넣은 뒤 떠오르면 건져 낸다.

* La mamma gina

카르초포잎과 토마토소스 파스타

Taglierini ai carciofi freschi 탈리에리니 아이 카르초피 프레스키

카르초포가 나는 계절이 되면 여기 저기에서 카르초포를 한아름씩 사가는 아주머니들을 볼 수 있다. 올리브오일에 절인 제품을 사용하기도 한다.

재료 • 4인 기준

탈리에리니면 300g
카르초포(carciofo) 150g
토마토소스 50g
다진 이탈리안 파슬리 약간
마늘 1쪽
올리브오일 4큰술
파르메산치즈 가루 50g
소금, 후춧가루 약간씩

카르초포

마늘

🫑 만들기

① 재료 준비하기
카르초포는 보라색의 거친 겉잎은 떼어 내고, 흰 속잎만 떼어 적당한 크기로 잘라 준비한다. 이탈리안 파슬리는 잘게 다져 놓고, 마늘은 통째로 준비한다.

② 달구어진 팬에 올리브오일을 두르고 통마늘을 볶는다.

③ ②에 잘게 썬 카르초포를 넣고 5분 정도 볶는다.

④ 볶아진 재료에 토마토소스와 다진 이탈리안 파슬리를 넣는다.

⑤ 삶아 놓은 탈리에리니면을 넣고 소금과 후춧가루로 간을 한 후 파르메산치즈 가루를 넣는다.

⑥ 완성된 요리를 접시에 담아 낸다.

1. 카르초포 썰기
2. 올리브오일에 마늘 볶기
3. 카르초포 넣고 볶기
4. 토마토소스와 파슬리 넣기
5. 삶은 탈리에리니면 넣기

Point

카르초포(carciofo)

거친 겉잎은 떼어 내고 어린 속잎만 먹는데, 올리브오일에 재워두었다가 먹거나, 튀김옷을 입혀 기름에 튀겨 먹기도 한다. 철분 함량이 많고 씹히는 맛이 고소하다.

*La mamma gina

바닷게의 속살을 이용한 파스타

Spaghetti alla polpa di granchio   스파게티 알라 폴파 디 그랑키오

신선한 바닷게의 속살만을 이용한 파스타로, 부드러운 휘핑크림과 잘 어울려 맛이 담백하다.

재료 • 4인 기준

- 스파게티면 350g
- 발라놓은 게살 200g
- 화이트와인 3큰술
- 휘핑크림 130g
- 토마토소스 50g
- 페페론치노 고추 3개
- 다진 마늘 약간
- 소금, 후춧가루 약간씩

 만들기

1. **재료 준비하기**
   바닷게는 손질한 후 속살만 발라 준비한다.
2. 팬에 올리브오일과 다진 마늘, 페페론치노 고추를 넣고 볶는다.
3. ②에 발라 놓은 동량의 게살을 넣고 볶다가 화이트와인을 넣어 잡냄새를 없앤다.
4. 2분 정도 볶아지면 휘핑크림을 넣는다.
5. 소스가 끓으면 토마토소스를 고운 체에 밭치면서 넣는다. 소금과 후춧가루로 간을 한다.
6. 삶아 놓은 스파게티면을 넣고 소스가 골고루 배이도록 버무린다.
7. 완성된 요리를 접시에 담아 낸다.

음식 나오는 출구

요리 도구들

1. 다진 마늘과 페페론치노 볶기
2. 준비한 게살 넣고 볶기
3. 화이트와인과 휘핑크림 넣기
4. 토마토소스 넣기
5. 삶은 스파게티면 넣기

Theme story_ 12
이탈리안 식생활 이야기

바(Bar, 바르)

이탈리아식 바(Bar)는 미국식 바와 이름은 같지만 전혀 다른 대중적인 공간이다. 이탈리아식 바는 길거리나 광장에서 흔히 볼 수 있는 열린 공간으로, 커피, 우유, 홍차 등 음료수와 간단한 빵, 샌드위치, 아이스크림, 알코올류를 마실 수 있는 곳이다. 여름에는 테이블을 밖에 설치하고 손님을 맞이하기도 한다.

대부분의 바가 아침 6시경에 문을 열어 자정이 훨씬 지나 문을 닫는다. 이탈리아 사람들은 이곳에 서서 아침도 먹고, 오전 커피 타임에는 커피도 마시고, 파니노도 먹는다. 점심식사 후 커피를 마시기 위해 바를 찾거나, 저녁식사 전 간단하게 간식을 먹기도 한다. 여름에는 저녁을 먹은 후 아이스크림을 먹기 위해 바에 가기도 한다.

이탈리아의 사람들의 식생활은 어떨까? 이탈리아 사람들의 식습관은 유럽의 다른 나라와는 사뭇 다르다. 예를 들면, 저녁식사는 8시 이전에는 하지 않는다. 하루에 4회 식사를 하는데 점심과 저녁식사를 중요시 한다. 저녁식사는 온 가족이 함께 하는 것이 원칙이다.

● 아침식사

아침식사는 일반적으로 7시~8시 사이에 한다. 따뜻한 음료(에스프레소, 카푸치노, 우유, 홍차 등)와 비스킷 또는 빵과 잼, 크로와상으로 간단하게 먹는다. 바(Bar)에서 아침을 먹는 것도 흔히 볼 수 있는 광경이다. 씨리얼 제품은 엄청난 광고에도 불구하고, 그다지 많은 사랑을 받지 못하고 있다.

● 점심식사

점심식사는 1시경에 시작된다. 시간에 쫓기는 직장인 가운데는 빵에 여러 재료를 끼운 파니노(Panino)로 간단하게 식사를 해결하는 사람도 있지만, 집에서 점심을 먹는 사람들은 다음과 같은 순서로 느긋하게 식사를 한다.
파스타 또는 리조또 중 선택 ➔ 고기, 생선, 달걀 중 선택, 그리고 샐러드 ➔ 과일 ➔ 에스프레소, 일요일은 에스프레소를 마신 후 케이크 등 단 과자 종류를 곁들임 ➔ 아이스크림 ➔ 쓴 알콜류로 소화를 시킨다.

● 간식

어린이들이 가장 기다리는 시간으로 오후 5시경에 한다. 파니노나 아이스크림으로 하는 경우도 있지만, 가장 이탈리아적인 간식은 '누텔라(Nutella)'라는 초코크림을 빵에 발라 먹는 것이다. 요즘 사랑을 받는 간식으로는 쿠르트나 플럼케이크, 파이 등이 있다.

● 저녁식사

저녁식사는 이탈리아 사람들의 삶에서 가장 중요한 순간이다. 하루 일과를 마친 식구들이 식탁에 모여 함께 먹고 마시고 떠드는 시간이다. 주로 얇게 자른 살라메와 치즈, 야채, 과일로 점심 때보다 간편하게 먹는다.

Italian story

빵에 여러 재료를 끼운 파니노(Panino)는 간단하게 먹는 직장인들의 점심이다.

Theme story_ 13

와인 이야기

토스카나 주 사람들에게 10월은 와인의 계절이다. 가을 추위가 시작될 즈음에는 좋은 와인 한 잔 마시고 싶다는 생각이 드는 시기이기도 하다.

이탈리아어로 와인은 비노(Vino), 식사 중 곁들이면 소화를 도와주고 적혈구 생산을 증가시킨다. 특히 레드와인은 심장계 질환 예방에 효과가 있다고 알려져 있다.

고대 그리스인과 페니키아인에 의해 유럽 대륙에 전해진 포도주는 이탈리아, 프랑스, 스페인에 널리 퍼지며 오늘날까지 그 명성을 지키고 있다. 고대 그리스인들이 포도주를 테라코타 항아리에 넣어 보관한데 비해 로마인들은 나무통과 유리병을 사용하기 시작하면서 포도주 숙성법에 착안한다. 중세에 들어서 유럽 전역에 퍼져 있던 베네딕트 수도사들은 그들이 직접 만든 포도주와 과소비량으로 유명하다. 또한 수도원간의 과열 경쟁으로 질 좋은 포도주 생산에 박차를 가했다.

17세기 들어 아메리카 대륙의 초콜릿 음료, 중국의 차, 아라비아 커피의 보급과 맥주의 확산은 포도주의 생명을 위태롭게 하였다. 포도주는 안전하게 저장할 수 있는 유일한 음료라는 이전의 명성을 잃게 되고 포도주 생산자들은 새로운 음료에 대응할 수 있도록 포도주의 품질 향상을 위해 노력하였다. 또한 유리 가공 기술의 발달과 코르크의 발견은 포도주의 이상적인 저장 상태를 가능하게 하는데 큰 역할을 하였다.

고대 그리스인들이 '포도주의 땅'이라고 불렀을 정도로 이탈리아는 포도 재배에 적합한 토질과 기후를 갖고 있었다. 질 좋은 포도 생산에도 불구하고 이탈리아 포도주가 제대로 알려지지 못한 이유는 '농부가 직접 만든 포도주'만이 좋은 포도주라는 인식이 강했기 때문이다. 최근 들어 이런 인식이 바뀌면서 과학적인 기준에 근거한 질 좋은 포도주가 대량 생산되고 있다.

포도주 농가의 모습

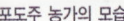

와인생산지 베라자노를 방문했을 때

● 포도주 구분

와인은 크게 세 가지로 나뉜다. 레드와인인 비노 로소(Vino rosso), 화이트와인인 비노 비안코(Vino bianco), 장미빛을 띤 비노 로자토(Vino rosato).
레드와인은 이탈리아에서 생산과 소비량이 가장 많은 와인으로 치즈가 들어간 파스타 요리나 육류 요리에 잘 어울린다.
화이트와인은 서서히 소비량이 늘어나는 추세이며 어패류 요리나 튀김 요리, 바질과 도마도 소스를 이용한 파스타 요리에 잘 어울린다. 흔히 비노 로자토를 레드와인과 화이트와인을 혼합한 것으로 생각하기 쉬운데, 실은 적포도를 이용해 독특한 방법으로 생산된 것이다. 포도액을 껍질과 같이 몇 시간 동안 발효시켜 색깔을 낸다. 이 방법으로 레드와인보다는 알콜도수가 낮고 화이트와인보다는 도수가 높은 비노 로자토가 탄생한 것이다. 보통 건조 소시지나 소스가 담백한 파스타 요리에 곁들인다.

● 포도주 저장법

햇빛이 들지 않는 서늘하고 어두운 곳, 진동이 없는 곳, 온도는 13°C를 넘지 않는 곳이 가장 좋다. 일반적으로 포도주는 24°C까지 견딜 수 있으나 오래된 포도주는 16°C 이상의 온도에서는 오래 보관할 수가 없다. 온도 변화가 심할 경우 맛과 향이 변할 수 있다. 특히 화이트와인이 기온 상승과 온도 변화에 더 민감하다.

● 토스카나의 유명 와인

- 브루넬로 디 몬탈치노(Brunello di Montalcino) : 토스카나 시에나 지방의 몬탈치노에서 생산되는 산 죠베제 포도 수종 100%로만 제조되는 포도주로 맛과 향이 강하며 Riserva는 최소 5년의 숙성 과정을 필요로 한다.
- 키안티(Chianti) : 포도를 껍질째 14일간 발효시킨 후 적어도 1년간 통에 넣어 숙성시키는 전통적인 방법으로 생산된다. 보통 마시기 1시간 전에 개봉한다.
- 빈산토(Vinsanto) : 식후 디저트로 마시는 단 포도주로 적포도주나 백포도주와는 다르게 포도를 건조시킨 후에 제조하므로 알콜 도수가 높고, 향이 강하다.
- 베르나차 디 산.지미냐노(Vernaccia di S.Gimignano) : 1966년 DOC 마크를 획득한 포도주로 베르나차 디 산.지미냐노 포도 품종 90~100%로 생산된다. Riserva 등급은 최소 1년의 숙성 과정을 필요로 하며 황금색이 약간 도는 알콜 도수 11.5°의 포도주이다.

이탈리아는 각 주마다 자랑하는 와인이 따로 있다. 일조량과 품종, 지형, 생산자에 따라 와인의 맛과 향은 달라진다. 토스카나 주의 키안티 지역에서 생산되는 와인은 세계적으로 유명한데 포도주의 품질 인증 마크인 D.O.C(Denominazione d'Origine Controllata : 검사받은 원산지 호칭)를 부착하고 있다.

09 Cooking * Italian Pasta

< Trattoria Cammillo

Cammillo

Pasta Restaurant 09

Trattoria Cammillo
트라토리아 캄밀로

주방과 주인, 홀에서 서빙하는 모든 사람들이 전부 흰색의 셔츠를 말끔히 차려 입은 모습은 이 레스토랑의 맛에 대한 긍지를 느끼게 해 준다. 관광객들에게 널리 알려진, 어디에서나 느낄 수 있는 맛보다는 옛맛 그대로를 지켜 전통의 맛과 새로운 맛이 잘 조화된 곳이다.

Borgo s.jacopo 57/r

* Trattoria Cammillo

달걀이 들어간 리치올리면과 토끼고기 파스타

Riccioli di pasta all`uovo con salsa D`agnello 리치올리 디 파스타 알 우오보 콘 살사 다넬로

피렌체의 특별 요리로 토스카나 지방의 토끼고기를 이용한 것이다. 곱슬곱슬한 파스타의 모양이 고기맛과 함께 잘 어울린다.

재료 • 4인 기준

리치올리면 350g
토끼고기 250g
토마토소스 100g
양파 1개
마늘 2쪽
올리브오일 3큰술
소금, 후춧가루 약간씩

🫑 만들기

① **재료 손질하기**
토끼고기는 살부분으로 잘게 다진다.
양파, 마늘도 잘게 다져 준비한다.

② 달군 팬에 올리브오일을 넣고 다진 마늘과 양파를 볶는다.

③ ②에 다져 놓은 토끼고기를 넣고 고기가 익을 때까지 볶다가 소금과 후춧가루로 간을 한다.

④ 볶아진 재료에 토마토소스, 육수를 조금 넣고 5분 정도 뭉근히 조린다.

⑤ 소스가 어느 정도 조려지면 삶은 리치올리면을 넣어 잘 섞는다.

⑥ 완성된 요리를 접시에 담아 낸다.

Point
리치올리면은 달걀을 넣고 반죽하며 모양이 곱슬곱슬한 파스타이다. 신선한 상태로 사용하는 것이 맛이 좋다.

주방의 면 삶기

실내 전경

1. 다진 마늘과 양파 볶기
2. 토끼고기 볶기
3. 토마토소스 넣기
4. 소스 끓이기
5. 삶은 리치올리면 넣기

*Trattoria Cammillo

카레가루를 이용한 토르텔리니

Tortellini al curry 토르텔리니 알 커리

우리 입맛에도 익숙한 카레가루를 이용한 파스타로, 생크림과 카레가루에 삶은 토르텔리니의 맛이 독특하다.

재료 • 4인 기준

- 토르텔리니 350g
- 생크림 150g
- 카레가루 2큰술
- 소금 약간

🫑 만들기

1. 팬에 충분한 양의 생크림을 넣고 끓인다.
2. 생크림이 끓으면 준비한 카레가루를 넣고 잘 저어 가며 가루가 생크림에 잘 녹도록 뭉근히 끓여 준다.
3. 삶은 토르텔리니를 넣고 소스가 면에 배이도록 저어 준다.
4. 소금으로 간을 한 후 기호에 따라 파르메산치즈 가루를 뿌린다.
5. 완성된 요리를 접시에 담아 낸다.

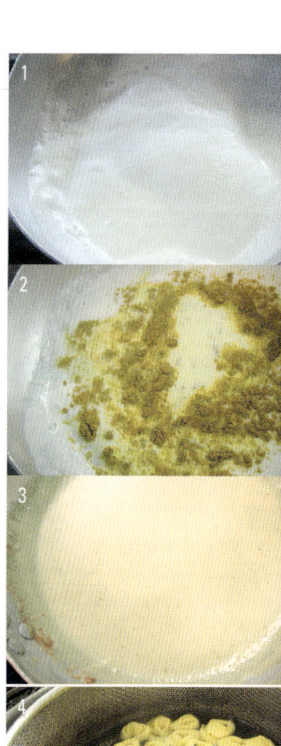

1. 생크림 끓이기
2. 카레가루 넣기
3. 카레가루 넣고 끓이기
4. 토르텔리니 삶기
5. 삶은 토르텔리니 넣기

주방 도구들

트라토리아 캄밀로의 실내 전경

* Trattoria Cammillo

말린 숭어알과 육수 파스타

Vermicelli alla bottarga di muggine 베르미첼리 알라 보타르가 디 무지네

무지네(muggine)란 알집째 말린 숭어알을 이용해서 만든 간단한 파스타로, 뜨거운 육수를 끼얹은 후에 말린 숭어알을 뿌려 씹히는 맛이 독특하다.

재료 • 4인 기준

스파게티면 400g
뜨거운 육수 1작은 국자
말린 숭어알 약간
소금 약간

말린 숭어알

 **만들기**

① 재료 준비하기
  말린 숭어알은 알집을 벗겨 내고 잘 풀어서 준비한다.
② 그릇에 삶은 스파게티면을 넣고 풀어 놓은 숭어알을 뿌리듯이 끼얹는다.
③ 미리 만들어 놓은 뜨거운 육수를 끼얹는다.
④ 완성된 요리를 접시에 담아 낸다.

1. 말린 숭어알 풀어 준비하기
2. 스파게티면에 숭어알 뿌리기
3. 육수 붓기
4. 접시에 담아 내기

Point
숭어알 대신 명태알이나 다른 생선알을 사용해도 된다. 준비한 육수가 없을 때는 버터 끓인 물을 사용한다.

* Trattoria Cammillo

돼지고기 삼겹살 파스타

Riccioli di pasta all`uovo alla molisana 리치올리 디 파스타 알 우오보 알라 몰리자나

남부의 모리쟈 지방에서 시작된 파스타로, 돼지고기의 기름이 많은 지방 부분을 이용해서 고소한 맛을 더한 요리이다.

1. 재료 준비하기
2. 올리브오일에 양파 볶기
3. 돼지고기 넣고 볶기
4. 볶은 호박에 삶아놓은 면 넣기

재료 • 4인 기준

리치올리면 400g
돼지 삽겹 부분 50g
돼지 기름 부분 (lardello) 약간
양파 1개
호박 1개
올리브오일 3큰술
소금, 후춧가루 약간씩

 만들기

❶ 재료 준비하기
  돼지 삽겹 부분과 기름이 특히 많은 부분을 가려 얇게 저민다.
  양파는 잘게 다지고, 호박은 채를 썬다.
❷ 올리브오일을 넣고 다진 양파를 볶는다.
❸ 양파가 볶아지면 얇게 저민 돼지 삽겹 부분과 기름 부분의 고기를 넣고 센불에 빨리 볶는다.
❹ ❸에 채썬 호박을 넣고 다시 한번 볶다가 소금, 후춧가루로 간한다.
❺ 삶은 리치올리면을 넣고 볶은 후 접시에 담아 낸다.

테이블 위의 식초와 올리브오일

트라토리아 캄밀로의 실내 전경

* Trattoria Cammillo

육수에 띄워내는 토르텔리니

Tortellini in consomme 토르텔리니 인 콘솜메

프랑스의 콩소메(맑은 스프)처럼 맑은 육수에 삶은 토르텔리니만을 이용한 간단한 파스타이다.

1. 육수 만들기
2. 천 깔고 육수 거르기
3. 육수에 토르텔리니 삶기
4. 맑은 육수에 토르텔리니 담아 내기

토르텔리니

당근

재료 • 4인 기준

토르텔리니 350g
육수 : 소고기 600g
셀러리 1줄기
당근 1개
양파 1/2개
토마토소스 약간
올리브오일 3큰술
소금 약간

 만들기

❶ 재료 준비하기
소고기는 덩어리째 이용한다.
셀러리, 당근, 양파는 손질한 후 한입 크기로 썬다.

❷ 큰 그릇에 올리브오일을 넣고 ❶의 재료를 볶는다. 어느 정도 볶아지면 토마토소스와 소금으로 간을 한 후, 준비해 둔 소고기와 물(1리터)을 넣고 1~2시간 정도 뭉근히 끓여 육수를 만든다.

❸ 얇은 천을 깔고 준비한 육수를 거른다.

❹ 거른 육수물에 살짝만 삶아 놓은 토르텔리니를 넣고 다시 한번 삶듯이 익혀 준다.

❺ 접시에 ❹의 토르텔리니 삶은 육수와 함께 토르텔리니를 담아 낸다.

트라토리아 캄밀로의 주방

Theme story_ 14
베네치아 전통 가면 축제

사그라

'사그라' 란 마을 단위로 이루어지는 전통 축제를 말한다. 마을의 수호 성인을 기리는 종교적인 면과 전통 문화 유지를 목적으로 하는데 음식 또한 빠질 수 없는 요소이다. 이탈리아에는 1,000여 개가 넘는 크고 작은 사그라가 매년 열리는데 각자 독특한 가치와 개성을 지니고 있다. 토스카나 주에서 열리는 사그라 몇 개를 만나보자.

● 몬테 산 사비노(Monte San Savino)의 돼지 바비큐 축제 – 아레초(Arezzo) 소재

돼지 바비큐 시식과 전통 문화를 감상할 수 있는 축제이다.
언제 : 매년 9월 둘째 일요일　　　Homepage : www.promontesansavino.it

● 코르토나(Cortona)의 스테이크 축제 – 아레초(Arezzo) 소재

14m의 대형 석쇠 위에서 쉴새 없이 구어지는 스테이크의 향을 음미해 보자. 축제를 위해 특별히 마련된 야외 레스토랑에서 스테이크와 샐러드, 와인, 과일 포함해서 18euro이다.
언제 : 매년 8월 14, 15일　　　Homepage : www.cortona.net

● 몬테스페르톨리(Montespertoli)의 파파르델라 축제 – 피렌체(Firenze) 소재

파파르델라와 산토끼 소스를 이용한 파스타를 맛 볼 수 있는 특별한 기회이다.
언제 : 매년 8월 22일~9월 1일
Homepage : www.montespertoli.cittadelvino.com/mnt/index.bfr

● 캄필리아 마리티마(Campiglia Marittima)의 중세풍 저녁식사 – 리보르노(Livorno) 소재

중세로 돌아가 한여름 밤의 저녁식사를 즐겨보자.
언제 : 매년 8월 12일　　　E-mail : lgrandi@etruscan.li.it

● 수베레토(Suvereto) 축제 – 리보르노(Livorno) 소재

음악과 예술, 전통 음식이 함께 하는 수베레토의 전통 축제로, 유명한 멧돼지 전통 요리법을 이용한 멧돼지 스테이크와 소시지를 맛볼 수 있다.
포도주, 올리브오일, 치즈 등 다양한 특산품 전시회도 열린다.
언제 : 매년 12월 둘째 주말　　　Homepage : www.suvereto.net

● 발리알리(Vagliagli)의 포도 축제 – 시에나(Siena) 소재

그림, 사진 전시회와 특산물 코너, 스포츠 경기, 불꽃놀이 등 다양한 이벤트로 가득한 축제이다. 포도를 가득 실은 마차 행렬 관람과 와인을 시식할 수 있다..
언제 : 매년 9월 27~29일　　　Homepage : www.festadelluvavagliagli.interfree.it

Sagra story

The country and the people of **Italy**

이탈리아의 풍물과 풍경

1. 피노키오 작가의 묘
2. 애절한 남매의 묘
3. 거리의 화가
4. 세계적으로 유명한 이탈리아의 자동차 페라리
5. 결혼 피로연
6. 거리의 악사

The country and the people of **Italy**

1. 피자 굽기
2. 오페라 극장
3. 크리스마스의 거리 풍경

4. 베수비오화산 피자
5. 몬테풀치아노
6. 와인 친선 경매장
7. 이탈리아인들이 즐기는 바에서의 간단한 식사

The country and the people of Italy

1. 아그리투리즈모(호텔+레스토랑) 내부 전경
2. 토스카나의 포도밭
3. 토스카나의 해바라기 밭 풍경
4. 토스카나 지역의 시골집

5. 토스카나 지역의 베라차노(verrazzano) 와인 생산지
6. 토스카나 지역의 콜레룽고(colle lungo) 와인 생산지
7. 토스카나 몬탈치노 지역의 와인 생산지 바르비(barbi)를 찾아

이탈리아 현지에서 직접 만든
정통 파스타 요리

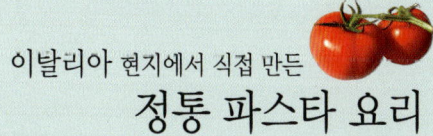

2003년 8월 20일 1판 1쇄
2005년 5월 10일 2판 1쇄
2008년 8월 10일 2판 2쇄

저자 : 최미숙
사진 : 조현주
펴낸이 : 남상호

펴낸곳 : 도서출판 **예신**
www.yesin.co.kr

140-896 서울시 용산구 효창동 5-104
전화 : 704-4233, 팩스 : 715-3536
등록 : 제03-01365호(2002. 4. 18)

값 12,000원

ISBN : 978-89-5649-029-8

* 이 책에 실린 글이나 사진은 문서에 의한 출판사의
  동의 없이 무단 전재·복제를 금합니다.